W0195089

Das Riesengebirge

Ellert & Richter Verlag

Das Riesengebirge

Georg Jung

Inhalt

Das Riesengebirge
Georg Jung

Wer aus dem Namen des Riesengebirges Rückschlüsse auf dessen Größe zieht, mag vielleicht enttäuscht sein, wenn er mit den wirklichen Gegebenheiten konfrontiert wird. In den „Briefen eines reisenden Franzosen über Deutschland an seinen Bruder zu Paris" schrieb Johann Kaspar Riesbeck 1783, nachdem er das Riesengebirge bestiegen hatte, dass er sich betrogen fühlte. Anstatt der erwarteten Riesen hatte er ausnahmslos Berge mittlerer Höhe gesehen, die im Vergleich mit den Alpen nur „Zwerggebirge" heißen könnten. Im Übrigen vertrat er die Meinung, dass man vom Riesengebirge in ganz Böhmen zu viel Aufhebens mache. Vermutlich hatte ihn auch die Bezeichnung „das Weltberufene" gestört, mit der es im 17. und 18. Jahrhundert charakterisiert wurde. Dieses Attribut hatte allerdings nichts mit seiner Größe zu tun, sondern mit der Sagensammlung des Berggeistes, der das Gebirge über die engeren Grenzen hinaus für die forschende Welt interessant gemacht hatte. Ähnlich sah es Gerhart Hauptmann, als er sein Riesengebirgsgedicht schrieb: *Was groß und menschenfremd in dir, / du Weltgebirge, lob' ich mir: / Den Sturm, der deine Nacht durchbraust, / darin der Urwelt Dämon haust.*
Gegen Ende seines Berichtes fand Johann Kaspar Riesbeck dann doch noch ein paar versöhnliche Worte und resümierte, dass er trotz allem mit dieser Reise äußerst zufrieden sei, da er im Umkreis der Schneekoppe die „romantischsten Landschaften, die man sich denken kann", gesehen habe.

Mit einer Ausdehnung von etwa 40 Kilometer Länge und 25 Kilometer Breite muss das Riesengebirge – flächenmäßig betrachtet – tatsächlich als klein bezeichnet werden und es ist nicht zu vergleichen mit den Alpen und ihren machtvoll aufgetürmten Gesteinsmassen, den schroffen Zacken und ausgedehnten Schneefeldern. Dennoch nimmt es unter vergleichbaren Gebirgen hinsichtlich seines Charakters und Aussehens eine Sonderstellung ein. Aus dem nackten Rumpf steigt die Gesteinspyramide der Schneekoppe – tschechisch Sněžka, polnisch Śnieżka – mit einer Höhe von 1602 Metern in den Himmel und überragt damit alle anderen Berge Mitteleuropas, die nördlich der Alpen liegen. Besonders beeindruckend ist die Wirkung ihrer Größe, schaut man von dem am Nordsaum des Gebirges gelegenen Luftkurort Karpacz, dem früheren Krummhübel, zum höchsten Gipfel: In einer Entfernung von nur sechs Kilometern wuchtet sich die Schneekoppe über dem Flusstal der Lomnitz (Łomniczka) etwa tausend Meter in die Höhe! Von ihr hat das

Die Schneekoppe – polnisch heißt sie Śnieżka, tschechisch Sněžka – auf einer alten Ansichtskarte. In der Vergangenheit nannte man sie auch Riesenberg, weil sie sich mit 1602 Meter Höhe von allen anderen Gipfeln des Riesengebirges abhebt.

Ebenfalls eine Ansicht aus alten Tagen: Blick von der Schneekoppe auf den Koppenplan (Równia pod Śnieżką) mit der polnischen Schlesierbaude (Dom Śląski, rechts im Bild) und der gegenüberliegenden tschechischen Riesenbaude (Obří bouda), die nach einem Brand 1982 abgerissen wurde.

Folgende Doppelseite: „Einen schöneren Winkel der Erde trifft man nur selten", so urteilte der berühmte Wanderer und Dichter Johann Gottfried Seume über das Hirschberger Tal mit dem Blick auf die Schneekoppe.

Wuchtig steigt die Schneekoppe aus dem Melzergrund (Dolina Łomniczki) empor. Der Aufstieg aus dem von der Lomnitz (Łomniczka) durchflossenen Tal gehört zu den eindrucksvollen Wanderrouten im nördlichen Teil des Riesengebirges.

Riesengebirge vermutlich seinen Namen bekommen, denn früher wurde sie Riesenberg oder auch Riesenkoppe genannt, weil sie sich wie ein Riese von den Gipfeln ihrer Umgebung abhebt. Deutsche Siedler in Schlesien sollen schließlich dem gesamten Bergrücken diesen Namen gegeben haben, der seit dem 16. Jahrhundert nachgewiesen ist. In einem anderen Deutungsversuch wird die Bezeichnung von den im 16. Jahrhundert angelegten Gleitrinnen, den sogenannten „Riesen", abgeleitet, mit denen das geschlagene Holz der Wälder über zum Teil künstlich angelegte Wasserläufe zu Tal gebracht wurde. Wie passend der Name ist, bestätigt Heinrich von Kleist in dem Gedicht „Hymne an die Sonne", das er 1797 nach einer Besteigung der Schneekoppe in das Hüttenbuch schrieb: *Über die Häupter der Riesen, hoch in der Lüfte Meer / Trägt mich, Vater der Riesen, dein dreizackiger Fels.*

Das Riesengebirge – tschechisch Krkonoše, polnisch Karkonosze – bildet den mittleren Teil der Sudeten und erstreckt sich von der Iser (Jizera) im Nordwesten bis zur Senke bei Žacléř (Schatzlar) im Südosten. Sein Rumpf zerfällt in zwei markante, nahezu parallel verlaufende Kämme, den etwa 30 Kilometer langen Haupt- beziehungsweise Grenzkamm, über dem als höchster Gipfel die Schneekoppe mit einer Höhe von 1602,3 Metern emporragt, und den südlich davor gelagerten, etwas niedrigeren Inneren oder Böhmischen Kamm. Dieser wird oberhalb von Špindlerův Mlýn (Spindlermühle) von der Elbe durchbrochen und in zwei Abschnitte geteilt, zu denen der Krkonosch (Krkonoš) im westlichen und der Ziegenrücken (Kozí hřbety) mit den

Blick vom Inneren oder Böhmischen Kamm auf den Haupt- und Grenzkamm des Riesengebirges. An der Stelle, an der beide zusammenlaufen, öffnet sich ein Felsenkessel, an dessen oberem Rand die Elbfallbaude (Labská bouda) liegt.

anschließenden Brunnbergen (Luční hora und Studniční hora) im östlichen Teil gehören.

Die Kammlinie des Hauptrückens bildet die Grenze zwischen Polen und Tschechien und trennt das nördliche schlesische vom südlich gelegenen böhmischen Gebiet.

In der Vergangenheit gehörte das gesamte Riesengebirge über mehrere Jahrhunderte zur österreichisch-ungarischen Monarchie, bis 1763 König Friedrich der Große nach dem Siebenjährigen Krieg, dem letzten der Schlesischen Kriege, das Gebiet endgültig aus dem Kaiserreich riss. Von da an bildete der Scheitel des Hauptkamms die Grenze zwischen Preußen und Österreich. Nach dem Ersten Weltkrieg und mit dem Zerfall der Donaumonarchie trennte der Kamm das Deutsche Reich von der neu gegründeten Tschechoslowakei. Als 20 Jahre später durch das Münchner Abkom-

men die sudetendeutschen Gebiete an Deutschland fielen, verlor das Riesengebirge bis zum Ende des Zweiten Weltkrieges vorübergehend seinen grenzbildenden Charakter.

Ein Blick auf die geologische Zeittafel zeigt, dass das Gebirge zu den ältesten des Kontinents gehört. Seine Entwicklung begann im erdgeschichtlichen Abschnitt des oberen Proterozoikums vor ungefähr 900 bis 600 Millionen Jahren und wurde später durch die meisten nachfolgenden gebirgsbildenden Prozesse mitbestimmt. So etwa entstand während der variszischen Faltung ein Granitmassiv, das im Verlaufe vieler Millionen Jahre, ähnlich wie schon zuvor der ursprüngliche Rumpf, mehrfach umgeformt und teilweise abgetragen wurde. Erosionsprozesse und Verwitterung schufen schließlich ein Relief aus sanften, wel-

An vielen Stellen des Hauptkamms findet man Felsgebilde aus Granit, sogenannte „Tore", die durch Verwitterung mitunter seltsame Formen angenommen haben wie hier die Mittagsteine (Słonecznik).

Rechte Seite: Winterzauber am Reifträger (Szrenica). Die gleichnamige Berghütte auf dem 1362 Meter hohen Gipfel im westlichen Riesengebirge trägt ihren Namen zu Recht: Das Gebäude verbirgt sich unter einem dicken Panzer aus Eis und Schnee.

Folgende Doppelseite: Ein Blick in das felsige Amphitheater der Schneegruben (Śnieżne Kotły, oben die Schneegrubenbaude) macht deutlich, wie sehr das Riesengebirge an manchen Stellen von seinem Mittelgebirgscharakter abweicht und alpine Formen annimmt.

lenförmigen Bergrücken mit ruhigen, großartig geschwungenen Kammlinien und gerundeten Buckeln.

Unterbrochen wird dieser „stille, große epische Fluß der sich lang hinziehenden Bergketten", wie es der schlesische Dichter Hugo Hartung einmal ausdrückte, von mehreren hintereinander emporragenden kuppenförmigen Gipfeln, die mit losen Steinen und Felsbrocken überdeckt sind. Charakteristisch sind auch die einzeln stehenden Felsgebilde, sogenannte „Tore", die Namen haben wie Mannsteine, Mädelsteine oder Veilchenstein, und in deren Formen man wunderliche Dinge zu sehen glaubt. Während die südlichen Flanken in mehreren Stufen sanft in das böhmische Gebiet auslaufen, überrascht die nördliche, die schlesische Seite, mit steilen Abhängen und schroffen Abgründen. Dort zeigt das Gebirge stellenweise alpine Formen, so etwa am Kleinen

und Großen Teich (Wielki und Mały Staw) wie auch in den Schneegruben, wo die eiszeitliche Vergletscherung einen schrundigen, bizarr geformten Felsenkessel geschaffen hat. Nicht selten bleiben in seinen Schattenklüften selbst den Sommer hindurch einige Schneeflecken erhalten.

Die Winter sind extrem lang, setzen meist schon vor Weihnachten ein und dauern bis weit über Ostern. Wie verzaubert wirkt um diese Zeit die Landschaft. Die weiß bepelzten Fichten in den Hochlagen verwandeln sich in fantastische Skulpturen, deren seltsame Formen zu allerlei Deutungen verleiten. Sie stehen da wie stumme Riesen, gebeugt unter der Last eines dicken Schnee- und Eispanzers. Um dieser alljährlich wiederholten Belastung zu trotzen, hat sich im Laufe der Zeit ein besonders widerstandsfähiger

Zu den wertvollen Ökosystemen des Riesengebirges gehören die Hochmoore wie hier das Úpské rašeliniště. Dieses Feuchtgebiet ist eine botanische Schatzkammer und steht unter strengem Naturschutz. Ein Steg aus Brettern führt durch das Gebiet.

Baumtyp, die Riesengebirgsfichte, herausgebildet. Sie ist von kleinem Wuchs und ihre Äste reichen bis zum Boden. Trotzdem geht jedes Jahr ein Teil des Baumbestandes durch Wind- und Eisbruch zugrunde. An diesem scheinbar natürlichen Prozess trägt der Mensch eine Mitverantwortung. Mehrmals in der Vergangenheit hat er in dieses Ökosystem eingegriffen, einmal durch die massive Abholzung zwischen dem 16. und 18. Jahrhundert und zum anderen durch eine Wiederaufforstung mit Fichtensetzlingen, die an fremden Standorten unter anderen klimatischen Bedingungen gezogen wurden. Die hoffentlich letzte große Bedrohung des Baumbestandes verursachte das sogenannte „Schwarze Dreieck", die Luftverschmutzung durch tschechische, polnische und deutsche Kohlekraftwerke. Unmengen von Schwefel- und Stickstoffdioxid gelangten in die Luft, die mit den Niederschlägen als „saurer Regen" den Pflanzen zugeführt wurden. Die weniger widerstandsfähigen Fichten, nämlich jene aus fremder Herkunft, waren die Ersten, die unter der Umweltbelastung Schaden nahmen und zugrunde gingen oder jetzt in einem schlechten Zustand sind. In den vergangenen Jahren wurde unter Mithilfe der EU-Partner bereits viel in die Aufforstung investiert, trotzdem bieten die von Stürmen abgeholzten Hänge sowie die Unzahl abgestorbener Fichten vielerorts einen traurigen Anblick.

Die Gebirgsfichte wird ab einer Höhe von 1250 Metern durch die strauchartig wachsende Zwergkiefer, das sogenannte Knieholz, abgelöst. Sie bedeckt weite Flächen der Kammregion und erweist sich gegenüber der hier herrschenden rauen Witterung als widerstandsfähiger. Ihre dünnen Stämmchen und die geringe Wuchshöhe sollten nicht darüber hinwegtäuschen, dass sie bereits 100 bis 150 Jahre alt sein können. Ihr dunkles Grün bildet einen lebhaften Kontrast zu den blanken sonnengebleichten Steinen und dem gelbgrün schimmernden Borstengras der umliegenden Matten.

Wenn der letzte Schnee von den Hochlagen der Berge getaut ist, beginnen bereits die Sommermonate, die aber eher ein frühlingshaftes Gepräge haben. In rascher Folge schießen die Bergblumen aus der noch feuchten Erde: An den Hängen der Schneekoppe dringen die rosafarbenen Blüten der kleinsten Primelart „Habmichlieb" (Primula minima) zwischen den Steinen ans Licht, und auf den Wiesen breitet sich ein bunter Teppich aus, gewebt aus Glockenblumen, blauem Eisenhut, Berganemonen, Arnika und vielen anderen Arten. Im Quellgebiet der Elbe sind so seltene Pflanzen wie das Läusekraut, die Schellbeere und andere Überbleibsel der Gletscherflora vertreten. Später im Jahr, von August bis Oktober, macht der im Riesengebirge weitverbreitete Schwalbenwurz-Enzian mit seinen dunkelblauen, trichterförmigen Blüten auf sich aufmerksam. Als Standort scheint er die feuchten und schattigen Täler der Gebirgsbäche zu bevorzugen, wo man ihn besonders häufig antrifft. Charakteristisch für die Pflanzenwelt des Riesengebirges ist auch, dass einige alpine und subalpine Pflanzen in einer Fülle vorkommen, wie sie in den Alpen nicht zu finden ist. Verschiedene Stellen, besonders die Hänge der alten Gletschermulden, weisen einen Artenreichtum auf, dass man dort von „botanischen Gärtchen" spricht. Diese haben Ortsbezeichnungen wie „Rübezahls Gärtchen", „Teufelsgärtchen" oder „Schustlergärtchen". Die Laien-

apotheker der Vergangenheit, die sogenannten Laboranten, kannten sie sehr gut, dort fanden sie jene Kräuter, die sie zu Arzneien verarbeiteten. Unter den Hunderten von Pflanzenarten, die in solchen Gärten wachsen, sind einige endemisch wie etwa die Sudeten-Zwergmispel oder der arktisch-alpine Steinbrech; sie kommen nur hier und nirgendwo anders vor. Zwischen den Matten und Knieholzbüschen der Kammlagen ruhen die Hochmoore. In ihren schwammigen Polstern, die sich bei jedem Niederschlag erneut mit Wasser füllen, haben zahlreiche Flüsse und Bäche ihren Ursprung, etwa die Elbe (Labe), die Mummel (Mumlava), das Weißwasser (Bílé Labe) oder die Aupa (Úpa). Wegen ihrer Fähigkeit, das Treibhausgas Kohlendioxid zu speichern, gehören die Moore zu den wertvollsten Naturräumen. Innerhalb des grenzüberschreitenden Riesengebirgs-Nationalparks, der insgesamt eine Fläche von etwa 430 Quadratkilometern umfasst, sind sie der Kernzone zugeteilt und genießen den strengsten Schutzstatus. Ihre Besichtigung ist nur von den umliegenden Wanderwegen aus gestattet. Diese Wanderwege sind übrigens Teil eines über das gesamte Gebirge gespannten Netzes gut ausgebauter Pfade mit einer Gesamtlänge von 800 Kilometern.

Durch seine Schönheit und eigenwillige Erscheinung lockt das Riesengebirge nicht nur im Sommer zahlreiche Besucher an, sondern auch in der kalten Jahreszeit viele Wintersportler.

Folgende Doppelseite: Dank der Schneesicherheit ist das Riesengebirge ein hervorragendes Wintersportgebiet. In den Kammlagen bleibt die geschlossene Schneedecke etwa fünf Monate im Jahr erhalten. Die Hampelbaude (Strzecha Akademicka, links im Bild) ist aber nicht nur bei Skiläufern ein beliebter Rastplatz.

„Man ist hier wie in einem fremden Weltteil verzaubert", berichtete der vorromantische Landschaftsmaler Christoph Nathe, als er die Große Schneegrube (Śnieżne Kotły) mit ihren über 200 Meter tief abfallenden, zerklüfteten Felsen gesehen hatte. Im Winter bilden sich an der oberen Abbruchkante durch Schneeverwehungen Wechten, die regelmäßig zu Lawinenabgängen führen. Unmittelbar am Rand befindet sich die Schneegrubenbaude.

Aufgrund seiner Schneesicherheit ist das Riesengebirge ein Skilaufparadies. In der Regel bildet sich hier ab Mitte November eine geschlossene Schneedecke, die in den höheren Lagen bis weit in den April hinein erhalten bleibt. In der Kammregion beträgt die Schneehöhe stellenweise mehrere Meter. Trotz der idealen natürlichen Bedingungen ist der Skisport erst gegen Ende des 19. Jahrhunderts hier eingeführt worden. Heute gibt es im Riesengebirge ein dichtes Netz präparierter Skiwanderwege mit einer Gesamtlänge von mehr als 500 Kilometern. Eine besondere Herausforderung stellt der 90 Kilometer lange „Riesengebirgsskiweg" dar, der von Harrachov (Harrachsdorf) über Špindlerův Mlýn (Spindlermühle), Pec pod Sněžkou (Petzer), Pomezní boudy (Grenzbauden) bis nach Žacléř (Schatzlar) führt und dabei auch den gesamten Gebirgsrücken überquert. Freunde des alpinen Skisports kommen ebenfalls auf ihre Kosten. Ihnen stehen in sämtlichen Gebirgsregionen Abfahrtspisten mit unterschiedlichen Schwierigkeitsgraden und einer Gesamtlänge von knapp 150 Kilometern zur Verfügung. 17 Seilbahnen und 124 Skilifte sorgen für die rasche Bergfahrt. Obwohl das Riesengebirge kein Hochgebirge ist, gehen jedes Jahr an verschiedenen Stellen etliche Lawinen zu Tal. Auf der nördlichen und auf der südlichen Seite sind bislang insgesamt 64 Lawinenfelder registriert worden. Die höchste Wahrscheinlichkeit eines Abgangs besteht in der Zeit von Januar bis einschließlich März. Darum sind bestimmte Wanderwege, die durch gefährdete Zonen führen, im

Winter gesperrt. Der Bergrettungsdienst warnt immer wieder davor, die markierten Strecken – in den Kammlagen sind sie durch Stangen ausgewiesen – zu verlassen und rät dringend, vor Antritt einer Bergtour den Wetterbericht einzuholen. Im Riesengebirge kann das Wetter binnen einer Stunde umschlagen. Immer wieder gibt es Meldungen über Wanderer und Skiläufer, die ihren Leichtsinn und die Missachtung von Warnungen mit dem Leben bezahlen mussten. So auch eine Touristengruppe, die im März 1968 von einer Lawine im Koppengebiet (Biały Jar) erfasst wurde. Das Unglück, das sich oberhalb von Karpacz ereignete, forderte damals 19 Opfer. Die meisten Lawinenbahnen befinden sich an den Hängen des Ziegenrückens (Kozí hřbety), der Kesselkoppe (Kotelní jamá), des Elbgrunds (Labský důl), des Weißwassergrunds (Údolí Bílého Labe), des Blau- und Riesengrunds (Modrý und Obří důl), der Schneegruben (Śnieżne Kotły) sowie zu beiden Seiten der Koppe (Jar Łomniczki und Biały Jar) wie auch der Schneekoppe. Die bislang größte Riesengebirgslawine der letzten Jahrzehnte mit einer zwölf Meter mächtigen Schneemasse ging Mitte März 2002 nieder. Bedenkt man, dass am Kopf einer solchen Lawine ein Druck von etwa 50 Atmosphären entstehen kann – das entspricht einer Kraft von etwa 51 Kilogramm pro Quadratzentimeter –, erklärt sich deren unvorstellbare Zerstörungskraft. Glücklicherweise kam damals niemand zu Schaden, da sich das dramatische Naturereignis in einem entlegenen Gebirgsteil abseits der Wanderwege abgespielt hat.

Johann Gottfried
Seume (1763–1810).
Der „berühmte
Wanderer", wie ihn
Goethe einmal
nannte, hatte das
Riesengebirge in
den Osterferien 1804
besucht.

Rechte Seite:
Die ruhigen, sanft
geschwungenen
Linien sich lang
hinziehender Berg-
ketten mit ihren
runden Kuppen
bezeichnete der
schlesische Dichter
Hermann Stehr
als „Größe ohne
Ausschreitung".
Die Abbildung zeigt
den Blick aus dem
Tal des Hainwassers
(Podgórna) auf den
zentralen Teil des
Hauptkamms.

Die Entdeckung des Riesengebirges

„Von allen Gebirgen, die ich noch gesehen habe, ist das Riesengebirge eines der schönsten und fruchtbarsten", so urteilte der in Sachen Reisen erfahrene und als Spaziergänger nach Syrakus bekannte Schriftsteller Johann Gottfried Seume. Dieser Einschätzung konnte sein Zeitgenosse Alexander von Humboldt, der den Blick auf das Riesengebirge zu den hundert schönsten der Welt zählte, nur beipflichten. Wollte man nun damit fortfahren, auf die Vielzahl der literarischen Hymnen, die auf das schlesisch-böhmische Grenzgebirge gesungen wurden, einzugehen, könnte allein daraus ein viele Seiten umfassendes Werk entstehen. Man müsste weit ausholen und bei Schriften beginnen, die im 16. Jahrhundert zum Beispiel von Conrad Celtis oder David Paräus verfasst wurden. Zu erwähnen wäre dabei auch die Riesengebirgsdichtung des Martin Opitz von Boberfeld Anfang des 17. Jahrhunderts ebenso wie eine Reisebeschreibung, die der Rektor des Magdalenen-Gymnasiums in Breslau, Christian Gryphius, 1670 veröffentlichte. Viele dieser ersten Abhandlungen haben zwar noch nicht die Schönheit der Landschaft zum vordergründigen Motiv, doch sie lassen bereits ein beginnendes poetisches Verhältnis zur Natur erkennen.

Zu dieser Zeit lag noch der Zauber des Geheimnisvollen über dem Riesengebirge, ausgelöst durch die düsteren, undurchdringlich erscheinenden Wälder der Urzeit, verstärkt durch nebelverhüllte Bergrücken und weiß schäumende Wildwasser, die aus gespensterhaft verwachsenen Schluchten stürzen. Auch der Glauben an den Berggeist, der in den Höhlen seines unterirdischen Reiches haust, der, wenn ihn die Lust anwandelt, zur Oberwelt zurückkehrt, um die Menschen mit seinen Tollheiten zu erschrecken oder eher selten mit Wohltaten zu beglücken, war immer noch weit verbreitet. Nicht ohne das Gefühl eines heimlichen Schauders wagte man sich in die Berge. Die einen waren auf der Suche nach verborgenen Schätzen, die anderen getrieben von der Lust am Abenteuer, das Unbekannte zu erforschen. Folgende Eintragung, die ein Bezwinger der Schneekoppe 1697 im Gipfelbuch hinterließ, spricht für sich: „Den 25. Juli bin ich aus Curiosität auf das Riesengebürge gestiegen, Gott behüte mich hin führo davor."

Seit Jahrhunderten hat das Riesengebirge Menschen aus unterschiedlichen Beweggründen in seinen Bann gezogen. Die Ersten, die in diese noch verschlossene Welt eindrangen, kamen in der Absicht, nach Gold, Silber und Edelsteinen zu graben. Unter den fremden Pionieren, die im 14. und 15. Jahrhundert ihre Schatzgräbertätigkeit im schlesisch-böhmischen Gebiet ausübten, trat eine geheimnisumwitterte Bevölkerungsgruppe besonders hervor. Man nannte sie die Walen, mitunter

auch die Venediger, weil sie sehr zahlreich aus Venedig stammten. In den sogenannten Walenbüchern hinterließen sie Aufzeichnungen mit abergläubisch anmutenden Beschreibungen der Örtlichkeiten und Stellen, die als goldhaltig galten. Noch heute findet man ihre Spuren, rätselhafte Zeichen, die sie in Felswände ritzten.

Der Bergbau und die Eisenverarbeitung begannen schon um 1400 und waren über mehrere Jahrhunderte hindurch die Haupterwerbsquelle der Bevölkerung. Ortsnamen wie Schmiedeberg, das heutige Kowary, deuten darauf hin, welcher Tätigkeit man hier nachging. Die dichten Wälder lieferten das für die Verhüttung benötigte Brennmaterial. Unmengen von Holz verschlangen auch die Öfen der Köhlereien, die seit dem Mittelalter für die

Glashütten angelegt wurden. Den Preis dafür zahlte die Natur. Als sich die Wirtschaftlichkeit des Bergbaus erschöpfte, zogen Bergbauern in die höher gelegenen Regionen, um sich mit der Viehzucht eine Existenzgrundlage zu schaffen, während sich in den Tälern eine Manufaktur-Landschaft zu entwickeln begann. Schließlich gab es dann noch die Gruppe der Laboranten, die sich zur Herstellung von Arzneien auf die Suche nach heilsamen Kräutern begaben. Sie alle suchten in den Bergen ihr Auskommen und hatten die wirtschaftliche Ausbeute einer bislang noch unbekannten Region im Sinn.

Linke Seite: Blick in das Tal der Kleinen Aupa (Malá Úpa). Hier begann man wie auch andernorts im Riesengebirge ab Mitte des 16. Jahrhunderts, den unerschöpflichen Waldreichtum wirtschaftlich zu nutzen. In den gerodeten Gebieten konnte sich später die Baudenwirtschaft entwickeln.

Rechte Seite: Die Umstellung der Wirtschaftsweise nach dem Niedergang des Bergbaus brachte manchen Menschen im Riesengebirge einen bescheidenen Wohlstand, der sich auch in den freundlichen Häusern von Arbeitern, Handwerksbetrieben und Bauern äußerte.

Folgende Doppelseite: Die Landkarte des Breslauer Rektors Martin Helwig von 1561 ist das älteste kartografische Werk Schlesiens. Sie zeigt unter anderem rechts oben das Riesengebirge mit seinem nördlichen Vorland in einer bildhaften Darstellung aus der Vogelperspektive.

1668 ließ Christoph Leopold Graf von Schaffgotsch auf der Schneekoppe eine dem heiligen Laurentius geweihte Kapelle errichten. Nach ihrer feierlichen Einweihung am 10. August 1681 wurde sie das Ziel zahlreicher Pilger und Wanderer. Zwischen 1824 und 1850 diente sie auch als Herberge. Lithografie von 1830

Eine in Öl gemalte 125 mal 100 Zentimeter große Gebietskarte bezog neben dem Landschaftsbild und den geografischen Gegebenheiten auch den gegen 1564 im oberen Aupatal begonnenen Holzschlag mit ein und zeigte die Gleitrinnen, sogenannte „Riesen", über die die gefällten Baumstämme zu den talwärts gelegenen Staubecken befördert wurden. Die kartografische Arbeit wird dem Maler und Chronisten Simon Hüttel aus Trautenau (Trutnov) zugeschrieben, der sich mit der Vermessung des Riesengebirges beschäftigt und 1577 die Schneekoppe bestiegen hatte. Schon zuvor existierte eine gemalte Landkarte vom Riesengebirge, die der Breslauer Rektor Martin Helwig 1561 angefertigt hatte. Sie stellt das Gebirge aus der Vogelperspektive dar, die Städte sind bildlich angedeutet, und ein eingefügtes Emblem gibt einen Hinweis auf den Berggeist Rübezahl. Die Helwig-Karte ist die älteste dieser Region.

Je weiter das Gebiet erschlossen wurde, desto mehr löste sich der dämonische Schleier, mit dem das Gebirge bislang umwoben war. Diese Entwicklung hatten auch die führenden Vertreter des christlichen Glaubens mit Wohlwollen verfolgt und tatkräftig unterstützt. So wurde die Einweihung der St. Laurentiuskapelle auf der Schneekoppe im Jahre 1681 durch den Abt des Klosters von Grüßau, Bernhard Rosa, zum Symbol des Sieges über die Geister der Unterwelt und urzeitlichen Schreckgespenster. Rübezahl aber durfte unterhalb der Schneekoppe sein Gärtchen (Krakonošova zahrádka) weiterhin behalten, ebenso überlebte der Teufel in den Landschaftsnamen „Teufelsschlucht", „Teufelsgrat" und „Teufelswiese". Den Bau der Laurentiuskapelle hatte übrigens Christoph Leopold Graf von Schaffgotsch veranlasst, der damals

Als die Hampel-
baude (Strzecha
Akademicka) noch
eine schlichte Berg-
bauernhütte war,
hatte sie schon viele
prominente Persön-
lichkeiten gesehen,
darunter auch König
Friedrich Wilhelm III.
und Königin Luise
sowie Johann Wolf-
gang von Goethe.
Die Abbildung zeigt
eine Lithografie von
1830, die Carl Mattis
zugeschrieben wird.

Herr über große Teile des schlesischen Riesengebirges war. Nach der Einweihung fand in dieser kleinen Gipfelkapelle mehrmals im Jahr ein Gottesdienst statt, der jedes Mal einen kleinen Pilgerstrom in Gang setzte, in dessen Sog immer mehr Menschen gerieten. Je mehr der alte Mythos seinen Zauber verlor, desto verlockender wurde es, sich diese unbekannte Welt zu erschließen. Obwohl immer noch ein gewagtes Unternehmen, kamen jetzt Gebirgswanderungen in Mode, deren Höhepunkt die Besteigung der Schneekoppe war. Unüberschaubar ist die Reihe derer, die dort oben gestanden und beglückt die Fernsichten oder den Sonnenaufgang bestaunt haben. Dieses Naturschauspiel lockte auch Johann Wolfgang von Goethe auf den Gipfel, der das Erlebnis in einem Gedicht festhielt. Heinrich von Kleist stieg dort hinauf und begrüßte die Sonne auf der Koppe ebenso wie der Dichter Theodor Körner, der die Aussicht in den Versen pries:

Hoch auf dem Gipfel
Deiner Gebirge
Steh' ich und staun' ich
Glühend begeistert,
Heilige Koppe,
Himmelanstürmerin!
Weit in die Ferne
Schweifen die trunknen,
Freudigen Blicke;
Überall Leben,
Üppiges Streben,
Überall Sonnenschein.

Und Gerhart Hauptmann verglich den Sonnenaufgang auf der Schneekoppe mit einer Sinfonie, „die noch auf keiner irdischen Orgel erklungen ist". Selbst das preußische Herrscherhaus konnte sich dem Reiz einer Koppenbesteigung nicht entziehen. An einem Augusttag im Jahre 1800 unternahmen König Friedrich Wilhelm III. und Königin Luise einen Ausflug ins Riesengebirge. In dem Bericht, den die

Je mehr sich gegen Ende des 18. Jahrhunderts ein neues Naturverständnis im Sinne des französischen Philosophen Jean-Jacques Rousseau durchsetzte, desto stärker wurde das Riesengebirge zum Ziel vieler Menschen, die ein offenes Auge für die Schönheit der Landschaft hatten. Die hiesigen Bergbewohner passten sich dem neuen Trend an und boten in ihren Almhütten Bewirtung und Unterkunft für Fremde an. Die Abbildungen zeigen von oben links nach unten rechts: Schlittenfahrt (Lithografie von Carl Mattis, um 1830), Touristen an der Schneegrube (Kupferstich von Anton Balzer, 1794) sowie die Peterbaude (Petrova bouda) und die Hofbaude (Dvoračky bouda) auf historischen Fotos

Schlesische Zeitung später über diese Unternehmung veröffentlichte, hieß es: „Den Koppenanstieg selbst erstiegen Allerhöchstdieselben zu Fuß." Dieser Hinweis schien erwähnenswert, weil zu damaliger Zeit auch die Möglichkeit bestand, sich gegen Bezahlung von sogenannten Koppenträgern in einer Sänfte zum Gipfel tragen zu lassen. Manch ein „Bergsteiger" schätzte diese Annehmlichkeit – sofern er es sich finanziell leisten konnte. Heute gibt es diesen Service nicht mehr, dafür aber seit 1950 einen Sessellift, der Schneekoppenbesucher vom tschechischen Pec pod Sněžkou aus zum Gipfel trägt. Weiter geht aus dem Bericht hervor, dass das Königspaar in der Laurentiuskapelle seine Namen

mit Bleistift an die Wand schrieb. Beim Abstieg soll es in der Hampelbaude – heute heißt sie Strzecha Akademicka – eine Rast eingelegt haben, wo sich „Allerhöchstselbst so weit herabließ, sich um die nähere Wirtschaft dieser einsamen Gebirgsbewohner zu erkundigen".

Diese wie auch die übrigen Bauden an den Berghängen oder auch in den höheren Lagen des Riesengebirges waren früher die Behausungen der Gebirgsbewohner, die ihren Lebensunterhalt aus der Viehzucht bestritten. Besonders auf der terrassenförmig abfallenden böhmischen Seite hatte sich die Almwirtschaft entwickelt.

Einige Bauden stellten Wanderern, die durch einen plötzlichen Wetterumsturz genötigt waren, die Nacht im Gebirge zu verbringen, ein schlichtes Nachtlager auf dem Heuboden oder auf dem Strohsack, mitunter auch auf der Ofenbank zur Verfügung. Man versorgte die Fremden mit Essen, das zumeist aus Brot, Milch und Käse bestand. Mit dem Niedergang der traditionellen Baudenwirtschaft und im Zuge des Fremdenverkehrs widmeten sich die Gebirgsbauern zunehmend der Gästebetreuung, und so entstanden ab dem 19. Jahrhundert etliche Häuser, die ausschließlich für den Berg- und Wandertourismus gebaut wurden, wie die 1850 errichtete Schlesische und die 1868 gebaute Böhmische Baude auf der Schneekoppe, die heute nicht mehr existieren. Mit zunehmendem Fremdenverkehr ging der ursprüngliche Charakter der Bauden verloren, nur der Name blieb. Dort, wo einst das mächtige Butterfass seinen Platz hatte, steht jetzt der Billardtisch oder das Tischfußballspiel, und auf dem Regal über dem Tresen haben sich zum martialisch dreinblickenden Rübezahl aus Holz die Geräte der Unterhaltungselektronik gesellt. Aus den traditionellen Häusern der Gebirgler sind heute überwiegend servicefreundliche Berggasthöfe und -hotels entstanden, in denen man gut aufgehoben ist. Sie bieten Fremdenzimmer, die hotelüblichem Standard genügen, sowie regionaltypische Hausmannskost inklusive einem verbliebenen Rest einstiger Baudengemütlichkeit.

Die Entwicklung und Zunahme des Bergwandertourismus gegen Ende des 18. Jahrhunderts hängt eng mit dem Erwachen eines neuen Landschaftsgefühls zusammen. Der Drang nach Abenteuer verlockte immer noch, doch viel wichtiger wurde die Lust am Erleben ursprünglicher Natur, die Erfahrung, ein Teil der großen Schöpfung zu sein, und die Hoffnung, in der Einsamkeit der Höhen jene Freiheit zu finden, nach der sich das romantische Herz sehnte.

Hier legen Wanderer gern eine Rast ein: Die Kleine Teichbaude (Samotnia) gilt als eine der schönsten Berghütten des Riesengebirges. Sie liegt inmitten eines Gletscherkars am Ufer des Kleinen Teichs (Mały Staw) und ist mit einem Glockentürmchen versehen.

Mit seinen eigentümlichen Felsen, tosenden Wildwassern und dunklen Wäldern entsprach das Riesengebirge im Zeitalter der Romantik den Vorstellungen einer idealen Landschaft. Die Abbildungen zeigen eine Felsengruppe mit der typischen Form der „Wollsackverwitterung" sowie das Weißwasser (Bilé Labe).

Folgende Doppelseiten: „Bergsee im Riesengebirge" von Ludwig Richter. Das Bild entstand 1839 nach einer Wanderung, die der Maler ein Jahr zuvor unternommen hatte, und stellt den Kleinen Teich (Malý Staw) dar.

„Morgen im Riesengebirge" (Kreuz auf der Felsenspitze) von Caspar David Friedrich. In diesem Motiv, das sich keiner bestimmten Örtlichkeit zuordnen lässt, verarbeitete der Maler verschiedene Skizzen, die er während einer Riesengebirgswanderung 1810 auf der Kammhöhe angefertigt hatte.

Das Riesengebirge bot alles, was sich Jean-Jacques Rousseau unter einer idealen Landschaft vorstellte: „Dazu gehören Ströme, Felsen, Föhren, dunkle Wälder, schwierige Bergwege ab und auf, Abgründe zu beiden Seiten, die mir tüchtig Furcht machen", so schrieb der französische Philosoph. Im Sinne der neuen Denkweise zog es immer mehr Menschen in diese Gegend, die die Rückkehr zur Natur suchten und die Landschaft des Riesengebirges als Ort der Inspiration entdeckten. In dieser nordisch anmutenden Landschaft mit ihren von Wind und Sturm umbrausten Kammwegen, an denen sich zu beiden Seiten schroffe Abgründe in die Tiefe stürzen, mit ihren tosenden Wasserfällen und geheimnisvollen Hochmooren fanden insbesondere die Künstler der Romantik ein Erlebnisspektrum, das ihre Sehnsucht zu stillen vermochte. Zuerst kamen die Dichter, die ihren Empfindungen literarischen Ausdruck gaben.

Ihnen folgten – teils beeinflusst durch die hymnischen Worte ihrer schreibenden Kollegen – die Maler: Christoph Nathe, Caspar David Friedrich, Carl Gustav Carus, Johan Christian Dahl, Ludwig Richter und viele andere. Aus ihren Skizzenbüchern, Tagebuchaufzeichnungen und Eintragungen in Gästebüchern erfährt man die Routen, auf denen sie sich das Gebirge erwanderten, die Stellen, wo sie gemalt haben, und die Bauden, in die sie eingekehrt sind. Was sie fühlten, brachten sie in stimmungsvollen Bildern zum Ausdruck und mitunter auch in schriftlichen Bekenntnissen. So schrieb Carl Gustav Carus: „Auch diese in vier Tagen vollendete Tour über den Kamm des Riesengebirges mit allen seinen Glanzpunkten, die unter dem Namen des Zackelfalles, der Elbquellen und Elbwiesen, des kleinen und

Carl Gustav Carus (1789–1869) auf einem Gemälde von Julius Hübner. In seinen Lebenserinnerungen berichtete der mit Caspar David Friedrich befreundete Arzt, Maler und Naturforscher von einer 1820 unternommenen Wanderung über den Kamm des Riesengebirges „mit allen seinen Glanzpunkten". Zu diesen Highlights gehörten auch die Dreisteine (Pielgrzymy), die er später in einem Ölgemälde dargestellt hat.

Rechte Seite: Bergwiesenenklave im südöstlichen Riesengebirge, im Hintergrund die Schneekoppe. Wer hier einmal den Frühling mit den bunt blühenden Almen erlebt hat, wird Gerhart Hauptmann verstehen, der einmal bekannt hat, dass in seinem Leben immer wieder der Augenblick kam, in dem er „aus den klaren Bergquellen dieser Heimat neue Kraft trinken mußte".

großen Rades, der Sturmhaube, der Dreisteine und der Schneekoppe bekannt sind, hat mir einen sehr tiefen und unvergeßlichen Eindruck zurückgelassen. Hatte ich bei Rügen zum ersten Male die größeren Wellen der See kennengelernt, so war mir dies Gebirge wie eine große beruhigte Welle an der Erdfeste des Planeten."

Mit ihren Werken haben die Maler der Romantik das Riesengebirge einer breiten Öffentlichkeit zugeführt. Sie gelten als die eigentlichen Entdecker dieser Bergregion. Durch zwei der wichtigsten Gemälde – „Morgen im Riesengebirge" von Caspar David Friedrich, das ähnlich dem Tetschener Altarbild („Kreuz im Gebirge") gestaltet ist, sowie „Bergsee im Riesengebirge" von Ludwig Richter – lebt das Riesengebirge im Bewusstsein der Deutschen, meinte der Kunsthistoriker Günther Grundmann.

Ende des 19. Jahrhunderts bildete sich um die in Schlesien geborenen Dichter Gerhart Hauptmann und dessen Bru-

der Carl eine kleine Künstlergemeinde. In dem Gebirgsdorf Schreiberhau – heute heißt es Szklarska Poręba – hatten sie ein Haus gekauft, das sie ab 1891 für ein paar Jahre gemeinsam bewohnten. Dort schrieb Gerhart Hauptmann unter anderem den „Biberpelz", „Hanneles Himmelfahrt" und „Die versunkene Glocke" wie auch sein bekanntestes Drama „Die Weber", mit dem er den schlesischen Menschen aus der Generation seines Großvaters ein literarisches Denkmal gesetzt hat. Mit den Romanen „Mathilde" und „Einhart der Lächler" sowie dem „Rübezahlbuch" feierte der Bruder Carl hier seine größten literarischen Erfolge. Viele liebten seine Stimmungs- und Gedankenlyrik, in der er auch die Riesengebirgsnatur verherrlicht hat. Folgendes Gedicht, das Zeile für Zeile munter dahin fließt wie ein quirliger Gebirgsbach, lässt die unvergleichliche Stimmung seiner Berge spüren:

In Gesellschaft von angesehenen Wissenschaftlern und Kunstschaffenden – so fühlte sich der große schlesische Dichter Gerhart Hauptmann wohl. Das um 1903 entstandene Foto zeigt von links nach rechts (stehend): Werner Sombart (Professor für Staatswissenschaften), Robert Kahn (Komponist), Hermann Stehr (Schriftsteller), Margarete Marschalk (Schauspielerin und zweite Ehefrau Gerhart Hauptmanns), Bruder Carl Hauptmann (Schriftsteller) und Samuel Fischer (Verleger). Sitzend: Gerhart Hauptmann und Frau Fischer

Meine Berge leuchten wieder
Menschenfern und nachtbetaut.
Atme wieder Heimatodem,
Wälder rauschen laut.

Und wie Kinder mich umringen
Meine Quellen in der Nacht.
Stehe stumm am Silberwasser,
Wo's durch dunkle Erlen lacht –

Funkeln Sterne. – Rings in Weiten
Hört man keinen Menschenlaut.
Meine Berge leuchten wieder
Zauberstill und nachtbetaut.

Zusammen mit dem Dichter Bruno Wille, dem Schriftsteller und Naturforscher Wilhelm Bölsche und dem aus Berlin stammenden Maler Hanns Fechner sowie einigen anderen Persönlichkeiten schufen die Brüder Hauptmann die Voraussetzung, dass bald eine Reihe jüngerer Maler und Schrift-steller in Schreiberhau und der Umgebung, vorübergehend oder auch für längere Zeit, sesshaft wurde. Ein beliebter Treffpunkt der Künstlergemeinschaft war damals auch das Domizil des Malers Hermann Hendrich, der sich 1899 in Mittel-Schreiberhau niedergelassen hatte. In seinem Haus befand sich die sogenannte Sagenhalle, ein mit altgermanischen Motiven geschmückter Ausstellungsraum, der vor allem für die Präsentation von acht großformatigen Rübezahlbildern bestimmt war. Hendrich sah in dem Berggeist die Personifizierung der Naturkräfte. Und so stellte er ihn in seinen Monumentalgemälden dar: als Wolkenschatten, Gewittergott oder als ein zauberhaftes Lichtphänomen.

Trotz aller Individualität, aller Verschiedenheit ihrer Kunst und ihrer Auffassungen hatten die Schreiberhauer Künstler eines gemeinsam: die Liebe zur Natur des Riesengebirges. In seinem „Heimatbekenntnis" betonte Gerhart Hauptmann, wie sehr die Berge Schlesiens mit seinem ganzen Schaffen unlöslich verknüpft waren, dass er sich kaum vorstellen konnte, wie man anderswo leben konnte. Wo immer er im Laufe seines Lebens auch war, es kam der Augenblick, in dem er ins Riesengebirge zurückkehren und „aus den klaren Bergquellen dieser Heimat neue Kraft trinken mußte". Nachdem er seinen Wohnsitz in Schreiberhau während einer Ehekrise mit seiner ersten Frau, Marie Thienemann, im Herbst 1894 aufgegeben hatte, lebte er vorübergehend in Berlin. Im Sommer 1901 kehrte er allerdings ins Riesengebirge zurück und bezog in Agnetendorf, dem heutigen Jagniątków, einem Nachbarort von Schreiberhau, das Haus Wiesenstein. Dort fand er nicht nur gute Bedingungen für die weitere schöpferische Arbeit, sondern auch familiäres Glück mit seiner zweiten Frau Margarete Marschalk. In dem kastellartigen Gebäude unterhalb der Schneegruben lebte er bis zu seinem Tode am 6. Juni 1946. Ein Vierteljahrhundert zuvor war sein Bruder Carl in Schreiberhau gestorben. Bis zuletzt hatte er sein Leben in dem einst gemeinsam bewohnten „Haus am Hange" verbracht, über das der Journalist und Schriftsteller Hans von Hülsen folgendermaßen schrieb: „Vielleicht hat selten das Dach eines bescheidenen Bergbauernhauses einen größeren geistigen Reichtum beschirmt." Heute gehört das Hauptmann-Haus in Mittel-Schreiberhau zum Riesengebirgsmuseum in Jelenia Góra (Hirschberg). In einer Dauerausstellung zeigt es Exponate, die die Dichterbrüder, die Künstlerkolonie und die Riesengebirgsmalerei betreffen.

Gerhart Hauptmann vor seinem Haus „Villa Wiesenstein" in Agnetendorf, dem heutigen Jagniątków, das er ab August 1901 bewohnte. Als er drei Jahre später Margarete Marschalk heiratete, schrieb er: „Eine neue, stille Schönheit erfüllt unser Haus."

Im Banne des Berggeistes:
Alles ist möglich

„... wo der Rübezahl mit seinen Zwergen heut' noch Sagen und Märchen spinnt", so heißt es in dem alten Riesengebirgslied „Blaue Berge, grüne Täler", das Othmar Fiebiger 1910 schrieb und Vinzenz Hampel vertonte. Keine andere Sagengestalt ist so populär wie die des Rübezahls. Dichter, Maler und Tonkünstler haben sich mit dem Geheimnis um den Berggeist des Riesengebirges beschäftigt. Für Carl Hauptmann war er ein unlösbares Geheimnis, das so alt ist wie das Gestein des Riesengebirges oder „die weißen Schaumwasser, die in der Zackelklamm jeden Tag jung und neu über Schroffen und Steine zu Tale springen". Viele schwörten, sie wären ihm begegnet und hätten ihn leibhaftig gesehen. Manche behaupteten, sie seien das Opfer seiner Tollheiten geworden oder durch seine Gunst und Hilfe beschenkt worden. „Aber richtig gesehen hat Rübezahl keiner. Oder vielmehr, das eben ist das Rätsel", konstatierte Carl Hauptmann. Alte Volksüberlieferungen erzählen von einem allbeherrschenden Bergherrn, der auf der Oberfläche der Erde nur ein kleines Gebiet besitzt, das von schwer zu besteigenden Bergen umschlossen ist. Sein eigentliches Reich aber liegt in einem unterirdischen Schloss, dessen Gänge bis zum Mittelpunkt der Erde reichen. Dort durchschweift er die Weiten der Unterwelt und ergötzt sich an den von edlen Metallen und glitzernden Edelsteinen schimmernden Hallen, in denen die zwergenhaften Bergleute zur Arbeit gehen. Mitunter gefällt es ihm, sich an die Grenzen seines verborgenen Reiches emporzuschwingen, um in der Welt der Menschenkinder sein Spiel und seinen Spott zu treiben. Den Gerichtsherren in Hirschberg soll er eine Strohpuppe, wie man sie in den Gärten als Vogelscheuche benutzte, statt eines gehenkten Diebes am Galgen hinterlassen haben. Schatzgräber, denen er bei ihrer Suche nach edlen Metallen blankes Gold vorgegaukelt hatte, mussten, als sie daheim ihre Säcke ausschütteten, verblüfft feststellen, dass nur Kieselsteine zum Vorschein kamen. Er hetzte Bären und Auerochsen zu blutigem Kampf aufeinander und trieb mit lautem Gebrüll das scheue Wild vor sich her, bis es in den Abgrund stürzte. Gefiel er sich das eine Mal in der Rolle eines boshaften und grausamen Dämons, erschien er bei anderer Gelegenheit als Freund und Helfer in Not geratener Menschen, der einen wegen Hexerei verurteilten Gebirgsbotengänger vor dem Scheiterhaufen rettete oder arme Weberleute zu unerklärlichem Reichtum führte.

Aus solchen Volksüberlieferungen bezog der Leipziger Magister Johann Praetorius den Stoff für eine umfangreiche Publikation mit rund 250 Rübezahl-Geschichten, die er, ergänzt mit eigenen Fantasien, in der zweiten

Hälfte des 17. Jahrhunderts herausge-
geben hatte. Diese Quelle machte sich
etwa ein Jahrhundert später auch
Johann Karl August Musäus für sein
acht Bände umfassendes Druckwerk
„Volksmärchen der Deutschen"
zunutze, in das er fünf Legenden von
Rübezahl aufnahm. Die erste
Geschichte beginnt mit dem Satz:
„Auf den oft und matt besungenen
Sudeten, dem Parnaß der Schlesier,
hauset in friedlicher Eintracht neben
Apollo und seinen neun Musen der
berufene Berggeist, Rübezahl genannt,
der das Riesengebirge traun berühm-
ter gemacht hat, als die schlesischen
Dichter allzumal." Die von Ludwig
Richter geschaffene Illustration zu diesem Text zeigt einen in die Ferne bli-
ckenden, würdevoll wirkenden alten
Mann mit Bart, unter dessen erhabe-
nen Sitz sich eine Schar Zwerge im
Innern der Erde tummelt. Stellte die
Helwigsche Karte von 1561 Rübezahl
noch als ein sonderliches tierähnliches
Wesen mit dem Kopf eines Raubvo-
gels, mit Schwanz und Bocksbeinen
dar, so sieht man ihn jetzt in Gestalt
eines gütigen Vaters ähnlich wie die
kindliche Vorstellung von Gott. Nichts
aber hat das Bild vom Berggeist so
sehr geprägt wie das berühmte Gemälde des Spätromantikers Moritz von
Schwind. Da schreitet Rübezahl in
Holzsandalen, bekleidet mit Hirten-
mantel und Kapuze, die Beine nackt,
wie ein Waldschrat durch einen mär-
chenhaften Wald voll knorriger Bäume
und freiliegendem Wurzelwerk.
Das Geheimnis aber sei, so Carl
Hauptmann, dass kein Mensch je
sagen könne, was der Geist der Berge

eigentlich sei. Die Forschung hat ihre
eigene Meinung dazu und erklärt, dass
Rübezahl nicht in Urzeiten im Riesengebirge beheimatet war, da dieser
Name auch in anderen Gegenden für
ein koboldhaftes Wesen vorkam. Man
nimmt also an, dass ihn einwandernde
Bergleute aus dem Harz wie auch aus
einigen anderen Gegenden in das
schlesische Gebirge mitgebracht

Kein Bild hat die
Vorstellung vom
Berggeist des Riesen-
gebirges mehr
geprägt als die um
1845 entstandene
Rübezahl-Darstel-
lung des spätroman-
tischen Malers
Moritz von Schwind.

Mit steinerner Miene blickt die Rübezahl-Skulptur aus der Bildhauerschule Hořice auf den Kurbetrieb von Janské Lázně (Johannisbad).

Rechte Seite: Für den Dichter Carl Hauptmann war Rübezahl ein unlösbares Geheimnis, das so alt war wie „die weißen Schaumwasser, die in der Zackelklamm jeden Tag jung und neu über Schroffen und Steine zu Tale springen".

haben. Existierte dieses Wesen ursprünglich in der Fantasie der Bergleute als ein Untertagegeist und Schatz behütender Gebieter, so wandelte sich seine Bedeutung mit dem Niedergang des Bergbaus. Als sich im Riesengebirge die Viehwirtschaft durchsetzte und Kräutersammler die hoch gelegenen Bergwiesen aufsuchten, wurde Rübezahl schließlich zu einem überirdischen Berggeist, der sich in Wetterphänomenen offenbarte, der als Föhnwind über die Kämme strich und Bergbäche zu reißenden Flüssen anwachsen ließ, der ein Kräutergärtchen besaß und darüber wachte, dass sich kein Unbefugter an dessen Pflanzen und Wurzeln vergriff, der sich in die Geschicke der Menschen einmischte im Guten wie im Bösen.

Und was sagt Rübezahl selbst dazu? Durch den Mund des in Breslau geborenen Dichters Willibald Alexis spricht er: „Aber gegen wen ich zornig werden kann, das sind eure verwünschten Dichter, die mich im Leben nicht gesehen haben und, weil sie meinen Namen gehört haben, glauben, dass sie alles mir unterschieben können, was sie im verrückten Gehirn sich erdenken von Geistern oder Gespenstern …"

Und was denken die heutigen Gebirgsbewohner über Rübezahl, abgesehen davon, dass er dem Souvenirhandel kräftige Gewinne einbringt und durch ihn die hiesigen Schnitzerwerkstätten Hochkonjunktur haben? Für viele mag er in der Totenkammer der Legenden begraben sein, doch gelegentlich scheint er wieder präsent zu sein – ein echter Überlebens- und Verwandlungskünstler eben. So erhielt ich, als ich einen Mitarbeiter des Nationalparks vor einer geplanten Gebirgswanderung nach der Wettervorhersage fragte, mit einem schelmischen Lächeln die Antwort: „Hier im Riesengebirge macht Rübezahl das Wetter." Und das bedeutet: Alles ist möglich.

Auf dem Kamm entlang

„Wenn ich hoch oben geh', / Schwinden die Qualen, / Fängt mir die Sonne an, / Schlösser zu malen." So empfand Carl Hauptmann, wenn er die Höhen des Riesengebirges bestieg und in der Kammregion wanderte. Dort oben in der steinernen Welt zu sein, wo kräftige Lüfte wehen, wo nichts den Blick verstellt, und in Täler und weite Fernen zu schauen – das war für den Dichter ein elementares und beglückendes Erlebnis.

Wer einmal den Kammweg gegangen ist, kennt dieses Gefühl. Für viele ist die Wanderung auf der etwa 30 Kilometer langen Strecke mit der roten Markierung die schönste Unternehmung während eines Aufenthalts im Riesengebirge. Die weiten Blicke ins Hirschberger Tal (Kotlina Jeleniogórska) auf der einen und die lieblichen Landschaften Böhmens auf der anderen Seite, die sanft geschwungenen, vielfach hintereinander gestaffelten Bergketten, deren Konturen sich im bläulichen Dunst am Horizont verlieren, und die einzeln stehenden gezackten Felsgruppen, die den gleichförmigen Verlauf der Höhenzüge unterbrechen – das alles ist von betörendem Reiz. Lange Zeit nach dem Zweiten Weltkrieg war der bereits in den 80er-Jahren des 19. Jahrhunderts angelegte Weg für Ausländer gesperrt, doch mit der fortschreitenden Entwicklung eines zusammenwachsenden Europas darf er seit einigen Jahren wieder von allen Wanderern begangen werden. Die Route – man bezeichnet sie auch als „Freundschaftsweg", weil sie entlang der tschechisch-polnischen Grenze verläuft und mal das Territorium des einen, mal des anderen Staates berührt – beginnt nahe des 1362 Meter hohen Reifträgers (Szrenica) im Westen und führt über den Hauptrücken des Gebirges bis zu den Grenzbauden (Pomezní boudy) am östlichen Ende. Reiseführer empfehlen zu Recht, den Weg in dieser Richtung zu nehmen, da sich die Schönheit landschaftlicher Eindrücke von West nach Ost Schritt für Schritt steigert. Der Höhepunkt ist schließlich die Besteigung und Überquerung der 1602 Meter hohen Schneekoppe, die tschechisch Sněžka und polnisch Śnieżka heißt.

Offiziell beginnt der markierte Wanderweg an den Quargsteinen (Tvarožník), einer kompakten Ansammlung von Granitblöcken auf dem Grenzkamm etwa einen Kilometer südwestlich der Reifträgerbaude. Dieses seltsame Felsgebilde muss die Namensgeber an geschichteten Käse erinnert haben, denn als Quargel bezeichnet man in Österreich einen kleinen rundlichen Käse. Die Reifträgerbaude steht sehr ausgesetzt auf dem höchsten Punkt des gleichnamigen Gipfels (Szrenica) und ist eine viel besuchte Berghütte, da sie mit einem Sessellift von Szklarska Poręba (Schreiberhau) in zwei Abschnitten bequem zu erreichen ist. Wer den Kammanstieg aber zu Fuß bewältigen möchte, hat die Wahl zwi-

Viele sind ihn schon gegangen: Die Kammwanderung über den 30 Kilometer langen „Weg der tschechisch-polnischen Freundschaft" gehört zu den eindrucksvollsten Erlebnissen einer Riesengebirgstour. Sie beginnt nahe der Reifträgerbaude (Schronisko na Szrenicy) im westlichen Teil des Gebirges.

Wer die Kammwanderung bereits in Harrachov (Harrachsdorf) beginnt und durch das Tal der Mummel (Mumlava) hochsteigt, kommt in den Genuss des Naturschauspiels des Mummelfalls (Mumlavský vodopád).

Im schwammigen Moorboden der Labská louka (Elbwiesen) hat die Elbe ihren Ursprung. Ein künstlicher, in 1386 Meter Höhe angelegter Brunnen symbolisiert ihre Quelle. Bevor sie 1684 mit christlichem Ritus eingeweiht wurde, war der Ort Kultplatz heidnischer Bräuche.

schen mehreren interessanten Routen, von denen an dieser Stelle nur die beiden wichtigsten erwähnt sein sollen. Der direkte und darum auch der kürzeste Weg nach oben beginnt in Szklarska Poręba (Schreiberhau) und folgt dem Zackerle (Kamieńczyk), einem reißenden Gebirgsbach, der sich im unteren Abschnitt in einem spektakulären Sprung, dem Zackelfall (Wodospad Kamieńczyka), in eine schroffe Felsenklamm stürzt. Eine längere, aber landschaftlich besonders reizvolle Anstiegsalternative führt vom tschechischen Harrachov (Harrachsdorf) durch das Gebirgstal der Mummel (Mumlava) und steigt dann in ihrem weiteren Verlauf hoch zur Wosseckerbaude (Vosecká bouda). Von dort ist es nur noch ein kurzes Stück bis zum Grenzkamm. Diese Route bietet Gelegenheit, sich das

beeindruckende Naturschauspiel des Mummelfalls (Mumlavský vodopád) anzusehen. Aus einer Höhe von acht Metern stürzen sich die Wassermassen in zwei aus dem Granitgestein ausgehöhlte Riesentöpfe.

Nach den ersten zurückgelegten Kilometern auf dem Grenzkamm blickt man in südlicher Richtung über die Elbwiesen (Labská louka), ein Hochmoor, wo noch einige Arten der Gletscherflora vorkommen, und in dessen schwammigem Boden die Elbe – im Tschechischen heißt sie Labe – ihren Ursprung hat. Ein in 1386 Meter Höhe gelegener, mit einem Steinring eingefasster Brunnen soll die Quelle symbolisieren. Unweit davon sind an einer Mauer die Wappen der großen Städte angebracht, durch die die Elbe von der Quelle bis zur Mündung fließt. In Wirklichkeit aber dringt sie ein Stück von dieser Stelle entfernt gemeinsam mit zehn weiteren kleinen

Der Kammweg läuft nahe am Abgrund der Schneegruben (Śnieżne Kotły) entlang und erlaubt atemberaubende Einblicke in die schaudererregende Tiefe dieses von zerklüfteten Granitwänden gebildeten Felsenkessels.

Quellwassern aus dem sumpfigen Geflecht von Borstgras, Heidelbeersträuchern und Latschenkiefern. In grauer Vergangenheit muss das Gebiet eine Stätte gewesen sein, die mit urzeitlichen Geistern und Dämonen in Verbindung gebracht wurde. Die Weihe der Quelle 1684 durch den Bischof von Königgrätz, heute Hradec Králové, Johann von Talemberg, war ein symbolischer Akt, sie sollte den abergläubischen Umtrieben ein Ende setzen. Zugleich schien die Aktion aber auch eine politische Handlung gewesen zu sein, um Gebietsansprüche des böhmischen gegenüber dem schlesischen Adel deutlich zu machen. Unweit des Elbbrunnens erhebt sich die Elbfallbaude (Labská bouda), ein klotziger Betonbau, den man vom Kammweg aus sehen kann und der in dieser Landschaft befremdlich wirkt.

Er wurde 1975 errichtet und ersetzt eine 1830 gegründete und 1965 abgebrannte Berghütte.

In seinem weiteren Verlauf führt der Kammweg an der Veilchenspitze (Violík) vorbei, einem 20 Meter hohen, mit gelbgrünen Landkartenflechten überzogenen Felskegel aus Granitblöcken. Immer wieder trifft man in den höheren Lagen auf solche auffälligen, vereinzelt stehenden Felsgebilde, die man auch Tore nennt. Sie sind Relikte des ursprünglichen, im Paläozoikum entstandenen Gebirgsrumpfes und verdanken ihre bizarren Formen der Abtragung weicherer Gesteinsschichten sowie der Frostverwitterung.

Schon bald kommt der Aussichtsturm der ehemaligen Schneegrubenbaude in Sicht. Das einst beliebte Berghotel, das dicht an der Abbruchkante der Schneegruben (Śnieżne Kotły) liegt, beherbergt jetzt eine Rundfunk- und Fernsehstation und wird auch von

Höchste Erhebung
im westlichen
Riesengebirge ist das
Hohe Rad (Vysoké
Kolo, 1509 Meter),
ein Gipfel der voll-
ständig mit Gesteins-
trümmern bedeckt
ist. Der Kammweg
führt um seinen
nördlichen Abhang
herum.

Linke Seite:
Die alte Elbfallbaude
(Labská bouda) auf
einer historischen
Postkarte. Bereits
1830 entstand nahe
dem Elbfall eine
Berghütte, die in der
nachfolgenden Zeit
mehrmals umgebaut
wurde. Ihren Platz
nimmt heute ein rie-
siges Berghotel aus
Beton ein, das kaum
noch einen Eindruck
vergangener Bauden-
gemütlichkeit vermit-
telt.

Grenzern benutzt. Der Blick in die zwei von einem Felsriegel getrennten Gletscherkare gehört zu den spektakulären Erlebnissen einer Kammwanderung. Was sich hier dem Betrachter offenbart, ist von urweltlicher Natur und steht dem Charakter einer alpinen Welt in nichts nach. Ganz plötzlich öffnen sich die Bergflanken und bilden ein zweigeteiltes Amphitheater mit zerborstenen und vielgezackten Granitwänden, die fast 250 Meter schroff in die Tiefe stürzen. Auf dem Grund der Großen Schneegrube liegen zwei bis zu anderthalb Meter tiefe, glasklare Gletscherseen, die beim Abtauen des zurückweichenden Eises gegen Ende der Eiszeit entstanden sind und sich an Moränenwällen stauten. Rübezahls Augen nannte man sie früher.

Die kleinere der beiden Schneegruben stellt eine botanische Schatzkammer dar, in der noch viele seltene Pflanzenarten wachsen, auch einige, die nur hier und nirgendwo anders vorkommen.

Nicht weit von der Schneegrubenbaude entfernt erhebt sich auf dem Grenzkamm der höchste Berg des westlichen Riesengebirges, das Hohe Rad (Vysoké Kolo, 1509 Meter), ein kegelförmig emporragender, unverwechselbarer Gipfel, der aus mehreren Geröllterrassen besteht. Der Wanderweg führt an seinen Abhängen entlang und durchquert dabei ein steinernes Meer, das während der Eiszeit durch Verwitterung von Felswänden entstanden ist. Die extremen Klimabedingungen in diesem der alpinen Stufe zugeordneten Gebirgsabschnitt lassen nur eine karge Vegetation zu, die vor allem aus Moosen, Flechten und Gräsern besteht. Besonders in den Wintermonaten herr-

Schon in den 1860er-
Jahren hatte sich im
Umkreis der
1288 Meter hoch
gelegenen Peterbaude
(Petrova bouda) ein
reger Wintersport
entwickelt. Beliebt
waren Abfahrten auf
dem Hörnerschlitten
nach Špindlerův
Mlýn (Spindlermüh-
le) und Jagniątków
(Agnetendorf).

schen hier mitunter arktisch anmuten-
de Wetterverhältnisse. Ohne Vorwar-
nung kann sich innerhalb kurzer Zeit
ein klarer blauer Himmel mit Wolken
zuziehen, die das freundliche Bild verwischen, kann der Wind, der kurz
zuvor noch eine heitere Melodie sang,
sich ganz plötzlich mit brutaler Kraft
auf die Kämme und gegen die Bergflanken werfen. Blitzschnell können
dichte Nebel und Schneetreiben sämt-
liche Spuren des Weges verwischen
und alles bedrohlich machen. Wenn
die nächste Stangenmarkierung kaum
noch zu erkennen ist, dann besteht die
Gefahr, von der sicheren Route abzu-
kommen. In solchen Situationen ist es
schon geschehen, dass sich Wanderer
in der weißen Öde verirrt und die
nächste schützende Baude nicht mehr
erreicht haben.
Im weiteren Verlauf senkt sich der
Kammweg zu einem Bergsattel hinab,
wo ein nach rechts abzweigender Pfad

zur Martinsbaude (Martinova bouda)
führt, steigt dann erneut an, passiert
eine 50 Meter lange und zwölf Meter
hohe Felskulisse, die als Mannsteine
(Mužské kameny) bezeichnet wird,
und erreicht dann die Mädelsteine
(Dívčí kameny), so benannt, weil
unweit von hier ein junges Hirtenmäd-
chen ums Leben gekommen sein soll.
Nach ein paar weiteren Schritten öffnet sich ein grandioses Gebirgspanora-
ma. In sanften Schwüngen fallen die
Bergketten ab, um sogleich wieder in
andere Höhen aufzusteigen, sie laufen
aufeinander zu und streben wieder
auseinander. Es ist ein Bild ungeheurer
Bewegung – wie ein wogendes Meer
erstarrter Wellen. Man blickt über die
mit Knieholz und niedrigen Fichten
bewachsenen Hänge, rechts unten in
1288 Meter Höhe liegt die Peterbaude
(Petrova bouda), eine Gebirgshütte,

Unterhalb der Kleinen Sturmhaube (Malý Šíšák), nicht weit vom Spindlerpass (Slezské sedlo) entfernt, wurde 2007 eine Kapelle errichtet und dem heiligen Franziskus geweiht. Mit diesem Kirchlein ist die Hoffnung verknüpft, dass der Beschützer der Armen und alles Lebendigen auch jenen Beistand gewähren mag, die eine harmonische Beziehung zur Natur anstreben.

die schon in den 1860er-Jahren im Mittelpunkt des Wintertourismus stand, als von hier Hörnerschlittenfahrten in das böhmische Spindlermühle (heute Špindlerův Mlýn) und schlesische Agnetendorf (Jagniątków) veranstaltet wurden. Ein Pferdegespann brachte die Gäste nach oben, talwärts ging es dann auf Kufen, deren sausende Abfahrt ein erfahrener Gebirgler steuerte. Etwas weiter entfernt, auf dem Spindlerpass (Slezské sedlo), sieht man vor der mächtigen Kulisse der Kleinen Sturmhaube (Malý Šíšák, 1439 Meter) die neuerdings in leuchtendem Orange angestrichene Spindlerbaude (Špindlerova bouda) sowie etwas erhöht von ihr, auf der polnischen Seite liegend, das ehemalige Jugendkammhaus „Rübezahl", das im Zweiten Weltkrieg ein Ferienheim für deutsche Wehrmachtsoffiere war und heute als Berghotel unter dem Namen Schronisko Odrodzenie geführt wird. Ganz entfernt im Osten

steigt der Gipfel der Schneekoppe empor. Bis dort hat der Wanderer noch eine Strecke von etwas mehr als zehn Kilometern vor sich. Zunächst aber steigt er zum Vogelherd (Čihadlo) ab. Die Bezeichnung deutet darauf hin, dass an diesem Ort in der Vergangenheit der Vogelfang betrieben wurde. Besonders auffällig im Umkreis dieses Ortes ist die Vielzahl geschädigter und abgestorbener Bergfichten, die einem Sturm im Jahre 1966 zum Opfer gefallen waren und nun einen skurrilen und traurigen Anblick bieten.

Am Spindlerpass (Slezské sedlo), wo der Riesengebirgskamm seine tiefste Stelle hat, wechselt die Route auf polnisches Gebiet und gewinnt mit einem recht steilen und steinigen Anstieg am Nordhang der Kleinen Sturmhaube (Malý Šíšák) wieder rasch an Höhe. In

Nur aus der Ferne zu bewundern: Aus Naturschutzgründen ist der Große Teich (Wielki Staw) unzugänglich. Gespeist wird das knapp 25 Meter tiefe Gewässer durch etwa ein Dutzend Rinnsale, die ihm vom Kamm zufließen.

seinem weiteren Verlauf quert der Weg die Berglehne des Silberrückens (Stříbrný hřebet) und man erreicht nach einer Stunde Wanderzeit die Mittagsteine (Słonecznik), eine zwölf Meter hohe Felsengruppe, an der sich die charakteristischen Formen der „Wollsackverwitterung" erkennen lassen. Die dem Tal zugewandte Felssäule erinnert an eine menschenähnliche Gestalt – an Rübezahl vielleicht? Weiter auf der Route kommt schon bald der Große Teich (Wielki Staw) in Sicht. Der 6,5 Hektar große Gebirgssee ist eiszeitlicher Herkunft und füllt den Grund eines alten Gletscherkars aus, dessen Felswände 180 Meter fast senkrecht abfallen. Er steht unter strengem Naturschutz, darum führt auch kein Weg zu seinem Ufer; man kann ihn also nur vom Kammweg aus bewundern. „Stille, schauerliche Einöde, Schneeflecken ...", so notierte

Ludwig Richter am 15. August 1838 an dieser Stelle während einer Kammwanderung in seinem Tagebuch. Nur wenige Gehminuten später schaut man in den Felsenkessel des Kleinen Teichs (Mały Staw). Was man hier erblickt, ist echte Bilderbuchromantik: In einem perfekt geformten Gletscherkar mit tief gefurchten Wänden schimmert dunkel der See wie ein ruhiges Auge. An seinem Ufer steht die Kleine Teichbaude (Samotnia), ihr aufgesetztes Glockentürmchen ragt spitz in die Höhe. Im Hintergrund erhebt sich die Pyramide der Schneekoppe, über deren Haupt einige Zirruswolken wie zarte Federn schweben. Ludwig Richter hatte von diesem Bergsee eine Skizze angefertigt, die er in seinem Dresdner Atelier in Öl ausarbeitete. Das Bild wurde zum bekanntesten Riesengebirgsmotiv der deutschen Romantik. Auf einer Felsenterrasse oberhalb der Kleinen Teichbaude steht eine weitere Herberge, die ehemalige Hampelbau-

de (Strzecha Akademicka). Das hotelähnliche Gebäude war früher eine einfache Hütte, in der Hirten, Reisende und Pilger, die zur Laurentiuskapelle auf die Schneekoppe wollten, eine Unterkunft fanden. Dort hatte am 14. September 1790 auch Goethe übernachtet, um am anderen Morgen in aller Frühe den höchsten Berg des Riesengebirges zu besteigen.

Von Knieholz gesäumt, durchquert der Wanderweg nun ein ausgedehntes Hochplateau, den sogenannten Koppenplan, und erreicht schließlich das in der Vergangenheit als Schlesierhaus bezeichnete Dom Śląski. Der Ort ist ein beliebter Rastplatz, mehrere Wanderwege laufen hier zusammen. Hier beginnt der Gipfelaufstieg zur Schneekoppe entweder über den direkten, aber steilen und mit einer Eisenkette gesicherten Zickzackpfad oder über

den Jubiläumsweg, der die Nordflanke umläuft und sich an der anderen Seite in großzügigen Schleifen nach oben emporschwingt. Welchen Weg man auch wählen mag, das atemberaubende Gipfelpanorama entschädigt alle Mühen des Aufstiegs. Hier oben zu stehen, vom felsigen Aussichtsplateau auf die schroffen Hänge der Koppe und die felsigen Abstürze des Riesengrundes zu schauen oder den Blick über die Weite der mit Borstengras und Knieholz bewachsenen Hochebene der Weißen Wiese (Bílá louka) mit dem Aupa-Moor (Úpské rašeliniště) schweifen zu lassen, sind die Höhepunkte einer Kammwanderung. Goethe übrigens, der den Sonnenaufgang auf dem Gipfel erleben wollte, schien den entscheidenden Moment verpasst zu haben, denn in seinem 95. Epigramm heißt es: „In der Dämmerung des Morgens den höchsten Gipfel erklimmen (...) und stets kommt mir die Sonne zu früh."

Der Koppenplan (Równia pod Śnieżką) ist ein ausgedehntes, mit Latschenkiefern bewachsenes, leicht welliges Hochplateau, das sich von der Kammregion oberhalb des Kleinen Teichs (Mały Staw) bis zum Fuße der Schneekoppe erstreckt.

Folgende Doppelseite: In einem perfekt geformten Gletscherkar an der Nordseite der Bergkette liegt sehr malerisch der Kleine Teich (Mały Staw). In seiner Umgebung wachsen Pflanzenarten, die als Glazialrelikte gelten, wie etwa die Lappländer Weide. Die Samotnia-Baude am Nordrand des Gewässers – früher hieß sie Kleine Teichbaude – ist ein viel besuchtes Wanderziel.

Die historische Postkarte zeigt die Bebauung der Schneekoppe um 1902: Ältestes Gebäude ist die Laurentiuskapelle. 1850 wurde die Schlesische, 1868 die Böhmische Baude und 1900 die Wetterstation errichtet. Bis auf die Kapelle existiert heute keiner dieser Bauten mehr.

Linke Seite:
Ein Bild, das zum bekanntesten Motiv der Riesengebirgsromantik wurde: der Kleine Teich (Mały Staw) mit der Berghütte „Samotnia" an seinem Ufer. Hinter den Höhen, die das Gewässer säumen, steigt die Schneekoppe empor.

Die Bebauung des Gipfels findet allerdings nicht jedermanns Gefallen. Sie wird von einem futuristisch anmutenden Gebäudekomplex dominiert, dessen tellerartige Formen eher an die Weltraumstation einer Science-Fiction-Produktion erinnern. Er beherbergt eine Baudenwirtschaft sowie eine meteorologische Station. Der kleine Rundbau nebenan, die Laurentiuskapelle, nimmt sich dagegen recht bescheiden aus. Das 1681 geweihte Kirchlein, mit dessen Errichtung sich Christoph Leopold Graf von Schaffgotsch das Wohlwollen des Kaisers sicherte, wurde im 18. Jahrhundert zeitweise auch als Schutzhütte genutzt – ein Sakrileg, wie manche meinten. Sie führten die Gewitterschäden, von denen das Gebäude in der nachfolgenden Zeit betroffen war, auf die Entwürdigung des heiligen Zwecks zurück. Der Blitz schlug mehrmals in den eisernen Ofen ein und brachte dabei auch Menschen, die dort übernachteten, den Tod.

Bis zum Ende des Kammwegs sind es jetzt noch 8,5 Kilometer. Über den östlichen Abstieg gelangt man vom Gipfel auf den Riesenkamm (Obří hřeben), der die Schneekoppe mit der Schwarzen Koppe, tschechisch Svorová hora, polnisch Czarna Kopa (1411 Meter), verbindet. Der Weg führt zunächst über ein weites Steinfeld aus Glimmerschiefer, schlängelt sich dann durch ein Dickicht von Bergkiefern und wendet sich schließlich in südöstliche Richtung. Ein weiterer Abstieg, dann sind die Grenzbauden (Pomezní boudy) nicht mehr weit. Am Ende der Kammwanderung wird man vielleicht noch einmal an Carl Hauptmann denken, dessen anfangs erwähntes Gedicht mit den Sätzen endet: „Wenn ich zu Tale geh', / Klingt es dann weiter. / Was mir hoch oben klang, / Wird mein Begleiter."

Karl Friedrich Schinkel (1781–1841). Nach seinen Plänen wurden einige der alten Schlösser im Hirschberger Tal – heute heißt es Kotlina Jeleniogórska – im Geiste des Klassizismus umgestaltet und mit neuem Glanz versehen.

Das schlesische Himmelreich

„Wer das Himmelreich nicht kennt, der hat umsonst gelebt", so hieß es, wenn vom viel besungenen Nationalgericht der ehemaligen deutschen Bevölkerung in Schlesien die Rede war. Der unkundige Feinschmecker wird bei dem Namen „Schlesisches Himmelreich" vielleicht an eine raffinierte kulinarische Verführung der Extraklasse denken, doch das Gericht bestand aus den Zutaten Rauchfleisch, Backobst und Klößen, in der Regel Semmelklößen, und war gediegene Hausmannskost, die bevorzugt in der Weihnachtszeit auf den Tisch kam. Der Name also eine gewaltige Übertreibung? Oder war der Schlesier von Natur aus eher bescheiden? Mag sein, doch die irdischen Vorstellungen vom Paradies schienen bei ihm so oder so ein naheliegendes Thema zu sein. Schließlich hatte er das „Schlesische Elysium" vor seiner Haustür. So nannte man das Hirschberger Tal, ein sanft hügeliges Gebiet am nördlichen Saum des Riesengebirges, das von den Ausläufern des Isergebirges (Góry Izerskie) im Westen bis zum Landeshuter Kamm (Rudawy Janowickie) im Osten reicht. Es gehörte zu einer der interessantesten Kulturlandschaften Europas, an deren Bildung in der Vergangenheit Angehörige großer Adelsgeschlechter mitgewirkt haben. Mit seinen mehr als 50 Schlössern, Herrenhäusern und Burgen sowie dem Reichtum an landschaftlichen Reizen galt das Hirschberger Tal – heute heißt es Kotlina Jeleniogórska – als eine Perle Europas.

Schon seit dem Mittelalter hatten sich in dieser Region Adelsfamilien und Rittergeschlechter niedergelassen und eine Vielzahl an Burgen, Festungen und Herrensitzen angelegt. Gegen Ende des 18. Jahrhunderts kamen die ersten preußischen Adligen, die den Reiz des Riesengebirgsvorlandes entdeckt hatten, und erwarben Landgüter, die sie zu behaglichen Wohnsitzen umbauen ließen. Die Schönheit des Tals, das beschauliche Landleben fernab der preußischen Hauptstadt zog auch Mitglieder des Hohenzollernhauses in das schlesische Riesengebirgsvorland. Und mit ihnen kamen die berühmtesten Baumeister der damaligen Zeit wie Karl Friedrich Schinkel und Friedrich August Stüler, die beauftragt waren, die erworbenen Anwesen nach den Vorstellungen der neuen Besitzer umzugestalten. Dabei standen weniger repräsentative Ansprüche im Vordergrund als der Wunsch nach Wohnlichkeit und Intimität. „Die Redens wohnen wirklich ganz allerliebst", schrieb Fürstin Eleonore Reuß 1888 über den Wohnstil der gräflichen Familie von Reden auf Schloss Buchwald (Bukowiec), „die Zimmer sind zwar etwas klein und niedrig, aber so geschmackvoll möbliert, so zierlich und nett, dass man sich recht wohl darin fühlt."

Für die Gestaltung des äußeren Ambientes verpflichtete man vor allem den königlichen Hofgärtner Peter Joseph Lenné, der nach dem Vorbild englischer Landschaftsparks weiträu-

Wie ein großer englischer Garten erschien das Hirschberger Tal im 19. Jahrhundert. Die Lithografie von Eduard Sachse zeigt den Blick auf Lomnitz (Łomnica) mit den sanft geschwungenen Hügelketten und majestätischen Kämmen des Riesengebirges im Hintergrund.

mige Gartenanlagen mit Sichtachsen zum Gebirge schuf. Seine Entwürfe entsprachen dem romantischen Geist dieser Zeit. Sie berücksichtigten den vorhandenen Naturraum, in den sich die Alleen, Aussichtspunkte und Bauwerke harmonisch einfügten.

In einem kleinen Waldgebiet am Fuße der Falkenberge (Góry Sokole) liegt sehr malerisch das im 16. Jahrhundert gebaute Wasserschloss von Fischbach, dem heutigen Karpniki. 1822 hatte Friedrich Wilhelm Karl Prinz von Preußen, Bruder von König Friedrich Wilhelm III., das Anwesen erworben und durch Friedrich August Stüler im neugotischen Stil umbauen lassen. Mit seiner Gemahlin, Prinzessin Marianne von Hessen-Homburg, verbrachte der Prinz hier die Sommermonate und machte Fischbach zum gesellschaftlichen Mittelpunkt des Hirschberger Tals. Die mitunter recht langen Aufenthalte waren immer eine glückliche Zeit für das Prinzenpaar, vor allem für

ihre Kinder, die auf dem schlesischen Besitz die Befreiung vom reglementierten Leben und dem strengen Zeremoniell im Berliner Schloss genossen. Sie durften mit der Dorfjugend spielen, nach Belieben im Hof und in den Stallungen herumtollen und sich im Umgang mit den Tieren vertraut machen. Die Familie unternahm viele Wanderungen, bei denen vor allem in der jüngeren Tochter, Marie Friederike, die Liebe zu den Bergen erwachte, die sich später, als sie Königin von Bayern war, auch darin zeigte, dass sie den Alpentourismus förderte. 1842 wurde die 16-Jährige in der Fischbacher Kirche konfirmiert und noch im gleichen Jahr heiratete sie den Kronprinzen Maximilian von Bayern. Aus dieser Ehe ging der spätere Märchenkönig Ludwig II. hervor.

Das Hirschberger Tal mit seinen Schlössern und Parkanlagen war eine der reichsten Kulturlandschaften Europas. Einige der ehemaligen Adelssitze blieben erhalten und wurden in neuerer Zeit stilgetreu restauriert. Die Abbildungen (von oben links nach unten rechts) zeigen das Eichenschloss in Karpniki (Fischbach) sowie die Schlösser von Wojanów (Schildau), Łomnica (Lomnitz) und Miłków (Arnsdorf).

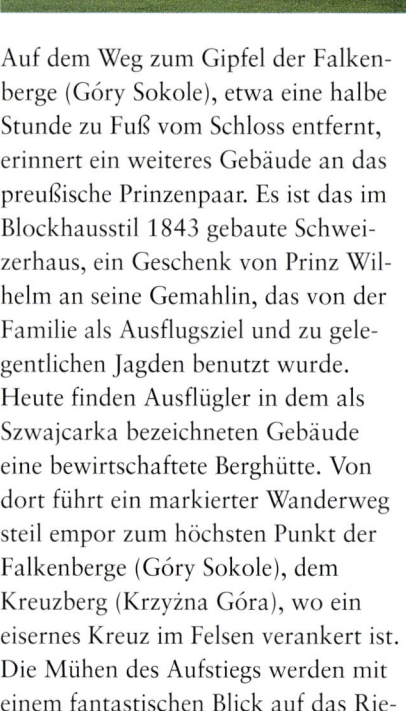

Auf dem Weg zum Gipfel der Falkenberge (Góry Sokole), etwa eine halbe Stunde zu Fuß vom Schloss entfernt, erinnert ein weiteres Gebäude an das preußische Prinzenpaar. Es ist das im Blockhausstil 1843 gebaute Schweizerhaus, ein Geschenk von Prinz Wilhelm an seine Gemahlin, das von der Familie als Ausflugsziel und zu gelegentlichen Jagden benutzt wurde. Heute finden Ausflügler in dem als Szwajcarka bezeichneten Gebäude eine bewirtschaftete Berghütte. Von dort führt ein markierter Wanderweg steil empor zum höchsten Punkt der Falkenberge (Góry Sokole), dem Kreuzberg (Krzyżna Góra), wo ein eisernes Kreuz im Felsen verankert ist. Die Mühen des Aufstiegs werden mit einem fantastischen Blick auf das Riesengebirge und das Hirschberger Tal belohnt.

Nicht weit von Fischbach entfernt kaufte 1832 König Friedrich Wilhelm III. für 130 000 Taler von den Erben des 1831 verstorbenen Generalfeldmarschalls Neidhardt von Gneisenau das herrschaftliche Gut im damaligen Erdmannsdorf, heute Mysłakowice, und ließ es von Friedrich Schinkel im Stil eines englischen Landsitzes zu einer Sommerresidenz umbauen. Sein Thronnachfolger, der kunstsinnige König Friedrich Wilhelm IV., in dessen Besitz das Herrenhaus später gelangte, hatte allerdings andere wohnästhetische Vorstellungen. Er veranlasste Umbauten nach Vorbildern englischer Gotik, die von Friedrich August Stüler vorgenommen wurden.

Die Lithografie von Ernst Wilhelm Knippel zeigt das Schloss Erdmannsdorf nach den Umbauten von 1844, für die der Preußenkönig Friedrich Wilhelm IV. den Baumeister Friedrich August Stüler (kl. Abb.) verpflichtet hatte.

Auch das Schloss Fischbach (Karpniki) wurde von Friedrich August Stüler im neugotischen Stil umgebaut, nachdem das Anwesen 1822 Prinz Wilhelm von Preußen, der Bruder von König Friedrich Wilhelm III., erworben hatte. Lithografie von Ernst Wilhelm Knippel

Folgende Doppelseite: Das Schloss Erdmannsdorf in Mysłakowice konnte nach dem Zweiten Weltkrieg vor dem Verfall bewahrt werden, weil es als Schule einer neuen Nutzung zugeführt wurde.

Das Landschlösschen von Buchwald – heute heißt es Bukowiec – auf einer Lithografie von Carl Mattis um 1840. Es erhielt eine barocke Ausstattung, nachdem es ab 1785 in den Besitz des preußischen Ministers Graf Friedrich Wilhelm von Reden gegangen war.

Von Mysłakowice (Erdmannsdorf) führt ein rot markierter Wanderweg in einer guten Stunde über einen kleinen, bewaldeten Berg, den Mrowiec, in den Nachbarort Bukowiec (Buchwald). Dort steht ebenfalls ein Schlösschen, das in den 1790er-Jahren eine barocke Gestalt erhielt, nachdem es der preußische Minister Graf Reden erworben hatte.

Andere Adelsfamilien und hochgestellte Persönlichkeiten folgten damals diesen Beispielen und brachten sich in den Besitz vornehmer Landgüter, die äußerst stilvoll, aber ohne repräsentative Ansprüche herausgeputzt wurden. Es dauerte nicht lange, bis das „Schlesische Elysium" landesweit als ein Ort künstlerischer Inspiration bekannt war und ein verlockendes Ziel bot für alle, die das Reisen liebten und dazu auch die nötigen Mittel besaßen. Im Zuge dieser Entwicklung erblühten die Orte am Fuße des Riesengebirges zu

angesehenen Sommerfrischen. Schreiberhau (Szklarska Poręba) und Krummhübel (Karpacz) waren damals Deutschlands beliebteste Erholungsorte.

Mit der politischen Neuordnung in Mitteleuropa nach Ende des Zweiten Weltkriegs erlosch der Glanz des „Schlesischen Elysiums". Manche der herrschaftlichen Güter wurden zerstört, andere dem Verfall überlassen. Bei einigen wenigen gelang es, durch aufwendige Sanierung privater Investoren und dank der Hilfe von Denkmalschützern der vergangenen Pracht neuen Glanz zu verleihen. Die Restaurierung der Schlösser von Staniszów (Stonsdorf), Miłków (Arnsdorf) und Łomnica (Lomnitz), die heute als Hotel geführt werden, wie auch das Gut in Wojanów (Schildau) sind

Tiroler Haus in Zillertal-Erdmanns-dorf (Mysłakowice), Lithografie von Ernst Wilhelm Knippel. Dieser Bautyp ent-stand hier in der ersten Hälfte des 19. Jahrhunderts mit der Ansiedlung protestantischer Glaubensflüchtlinge aus dem Zillertal, denen der preußische König Grund und Boden zur Verfügung gestellt hatte.

gelungene Beispiele für den Erhalt dessen, was vom kulturellen Erbe übrig geblieben ist. Im „Großen Schloss" von Łomnica (Lomnitz), das bis 1990 noch eine Ruine war, besteht heute ein deutsch-polnisches Kultur- und Bildungszentrum, dessen Dauerausstellung „Das Tal der Schlösser und Gärten" hervorragende Einblicke in das „Schlesische Elysium" gewährt. Manche der alten Prachtbauten konnten nach dem Krieg weiterhin bestehen, weil sie als Schule, Altersheim oder Kindergarten genutzt wurden wie etwa das Herrenhaus in Mysłakowice (Erdmannsdorf) oder das Schlösschen in Bukowiec (Buchwald), wo heute Kinder die Schulbank drücken.

In Zillertal, einem Ortsteil von Mysłakowice, blieben auch einige Bauernhäuser im typischen Tiroler Stil mit umlaufenden Holzbalkonen erhalten. Sie sind eine Hinterlassenschaft von protestantischen Auswanderern aus dem Zillertal, die 1837 aus religiösen Gründen die Heimat verlassen mussten und im toleranten Preußen Zuflucht gefunden hatten. Auf Fürsprache der Gräfin Friederike von Reden hatte ihnen König Friedrich Wilhelm III. Grund und Boden im Riesengebirgsvorland zugewiesen, weil, so die Überlegung, die Ähnlichkeit dieser Gegend mit dem Tiroler Land die Eingewöhnung der „Exulanten" in die neue Heimat erleichtern würde. In einem Brief vom 18. Oktober 1837 sprachen die Zillertaler ihrem „Allerdurchlauchtigsten, Großmächtigsten und Allergnädigsten" König ihren Dank aus. Darin heißt es: „Wir um des Glaubens wegen ausgewanderte Tyroler aus dem Zillerthale sind glücklich in unserem neuen Vaterlande in Preußisch-Schlesien angekommen

Ansichtskarte von
1922. Damals gehör-
te Schreiberhau –
heute heißt es
Szklarska Poręba –
zu den beliebtesten
Ferienzielen Deutsch-
lands. Auch heute ist
der aus mehreren
Siedlungen bestehen-
de Ort ein wichtiges
Zentrum für
Erholung und
Wintersport.

Mit der Entwicklung
des Fremdenverkehrs
ab Mitte des
19. Jahrhunderts ver-
änderte sich auch das
Erscheinungsbild der
alten Bergarbeiter-
siedlungen: Vielerorts
entstanden hübsche
Logierhäuser wie
etwa die Villa Hein-
rich in Karpacz
(Krummhübel).
Ansichtskarte von
1924

und wurden, Gott sei Dank, sehr freundlich empfangen und durch die Vorsorge Sr. Majestät des Königs sehr gut behandelt. Wir danken für die große Gnade und Barmherzigkeit unsres Königs, welche uns schon dadurch zugeflossen ist an Leib und Seele, dass wir schon einen eigenen Schullehrer haben für die Jugend, die Erwachsenen und die Alten, die noch nicht lesen können und die heilige Schrift doch gern selbst lesen möchten (...) Wir bitten auch, Allergnädigster König und Herr, dass wir, wenn es nur irgend möglich, in dieser lieben Gegend beisammenbleiben können, denn wir finden es mit unserem alten Lande sehr ähnlich in allen Dingen und möchten so gern in der Nähe unseres großmüthigen Königs bleiben. Wir bitten auch, dass die Bestimmung des Platzes so bald möglich ertheilt würde, weil wir dann gleich viel zu arbeiten bekommen, wir das Arbeiten alle gewohnt sind und der Müßiggang zu unserem Wandel und Gesundheit nicht taugt (...)."

Der Wunsch, in der neuen Heimat dauerhaft bleiben zu können, erfüllte sich für die Glaubensflüchtlinge nur für zwei Generationen. Ihre Enkelkinder mussten Ende des Zweiten Weltkriegs das Gebiet wieder verlassen, als dieser Teil Schlesiens Polen zugesprochen wurde.

Einige ihrer Häuser, die die Immigranten in Mysłakowice (Erdmannsdorf) und seiner Umgebung errichtet hatten, existieren heute noch und legen Zeugnis von ihrer Geschichte ab. Von der touristischen Werbung werden sie als eine „ethnografische Attraktion im Riesengebirge" gepriesen. Ein

besonders schönes Beispiel ist das Dom Tyrolski, in dem ein Restaurant mit einem kleinen Museum betrieben wird.

Zum kulturellen Erbe des Riesengebirgsvorlandes gehören auch die oftmals mit kunstvollen Ornamenten geschmückten Jugendstilvillen, selbst wenn die eine oder andere heute in ihrer Sanierungsbedürftigkeit einen eher morbiden Charme ausstrahlt. Neben Szklarska Poręba (Schreiberhau) gehört heute vor allem Karpacz (Krummhübel) zu den beliebten Tourismusorten. Seine Lage unterhalb der Schneekoppe macht ihn zu einem idealen Ausgangspunkt für Bergtouren sowohl im Sommer als auch im Winter.

Ab dem 16. Jahrhundert lebten in Karpacz (Krummhübel) neben Bergleuten auch Holzfäller und Köhler, die für die Schmelzhütten und Schmiedewerkstätten des benachbarten Kowary (Schmiedeberg) das notwendige Brennmaterial lieferten.

Laborantenstube in Krummhübel, Ansichtskarte von 1936. Der Ort war zwischen dem 17. und 19. Jahrhundert eine Hochburg der Laboranten. So nannte man Sammler von Heilkräutern, die daraus Arzneien herstellten.

Barockschloss in Staniszów, dem ehemaligen Stonsdorf. Der Name war über die Landesgrenzen hinaus bekannt durch den Stonsdorfer Gebirgskräuterlikör, der in diesem Ort ab 1810 nach geheimem Rezept gebraut wurde.

Später wurde der Ort durch die Laboranten bekannt, jene Leute, die sich Kenntnisse in der Heilkunde angeeignet hatten und auf den Bergwiesen Kräuter und Wurzeln sammelten, um daraus Arzneien herzustellen. Sie waren in einer Zunft organisiert, die die Ausbildung des Nachwuchses überwachte und dafür sorgte, dass sich in dem Gewerbe keine Scharlatanerie breitmachte. So mussten die Lehrlinge, bevor sie diesem sehr einträglichen Geschäft des Arzneihandels nachgehen durften, eine Prüfung vor dem Kreisphysikus in Hirschberg, heute Jelenia Góra, bestehen. Später verwendete man die Kräuter auch zur Herstellung von Likören, die insbesondere die Ortschaft Staniszów (Stonsdorf) bekannt machten.

In seiner Erzählung „Der letzte Laborant" hat Theodor Fontane, der zwischen 1868 und 1892 immer wieder nach Krummhübel reiste, den Heilkundigen ein literarisches Denkmal gesetzt. Seine erste Riesengebirgsreise hatte den Dichter allerdings nach Erdmannsdorf (Mysłakowice) geführt, was angesichts seiner Vorliebe für preußische Herrensitze verständlich erscheint. Seine Erholungsaufenthalte, die sich mitunter über mehrere Wochen, ja sogar Monate erstreckten, und die mit zahlreichen Spaziergängen im Gebirge ausgefüllt waren, nutzte er auch zur ungestörten literarischen Arbeit und für Recherchen geplanter Werke. So fand er dort das Material zu seinem Roman „Quitt", einer Kriminalgeschichte, die sich auf ein nie aufgeklärtes Verbrechen bezog, bei dem 1877 in den Bergen von Krummhübel der Revierförster von einem Wilddieb erschossen wurde. Den Stoff für die Riesengebirgserzählung „Eine Nacht auf der Koppe", bei der es um den Tod des Baudenwirts auf der Schneekoppe geht, bekam Fontane von seinem Freund und Briefpartner Georg Friedländer, der im Nachbarort Kowary, dem damaligen Schmiedeberg, lebte.

Es versteht sich von selbst, dass der „Wanderer der Mark Brandenburg" auch im Riesengebirge häufig zu Fuß unterwegs war. Einer seiner Lieblings-

Karpacz (Krummhübel) liegt am Fuße der Schneekoppe und ist Ausgangsort verschiedener Wanderrouten. Besonders beliebt ist der Aufstieg durch den Melzergrund (Dolina Łomniczki), dem größten Gletscherkessel auf polnischer Seite zwischen der Schneekoppe und dem kleinen Koppengipfel (Kopa).

wege führte durch das Tal der Lomnitz (Łomniczka) zum Melzergrund (Dolina Łomniczki), einem Gletscherkessel zwischen Schneekoppe und Kleiner Koppe, der auch heute die Besucher durch die ungebärdige Kraft der Gebirgsnatur fasziniert. An seinem westlichen Abhang springt die Lomnitz auf einer Länge von 300 Metern in zahlreichen Kaskaden in die Tiefe. Diese Strecke wird von vielen Wanderern als Aufstiegsroute zur Schneekoppe gewählt.

Ein anderer nicht weniger schöner Anstieg beginnt in Karpacz Górny (Brückenberg), einem hochgelegenen Gemeindeteil von Karpacz, der die Gelegenheit bietet, eines der berühmtesten Bauwerke des schlesischen Riesengebirges, die Stabkirche Wang, zu besuchen. Dieses im 13. Jahrhundert gebaute hölzerne Kleinod stand ursprünglich im südlichen Norwegen an einem See mit dem Namen Vang und sollte im 19. Jahrhundert wegen Baufälligkeit abgerissen werden. Als

der norwegische Landschaftsmaler Johan Christian Dahl, der damals in Dresden lebte, von den Plänen erfuhr, kaufte er die Kirche im Auftrage König Friedrich Wilhelm IV., ließ sie in Einzelteile zerlegen und über die Ostsee und die Oder nach Stettin und anschließend nach Berlin verfrachten. Dort sollte sie, so die ursprüngliche Idee des preußischen Regenten, auf der Pfaueninsel stehen, doch der Gräfin Friederike von Reden gelang es, den König davon zu überzeugen, dass sie in einer Gebirgslandschaft besser aufgehoben wäre. So kam das norwegische Gotteshaus ins Riesengebirge und wurde dort nach einer langen Odyssee im Juli 1844 feierlich eingeweiht.

Anders als Karpacz (Krummhübel), das ab Mitte des 19. Jahrhunderts sein zukünftiges wirtschaftliches Leben

ganz auf die Entwicklung des Erholungswesens ausrichtete, ist der östliche Nachbar Kowary (Schmiedeberg) seiner Bergbautradition bis in die jüngste Zeit treu geblieben. Noch Anfang der 1970er-Jahre nutzte man die alten Stollen, in denen man früher nach Eisenerz gegraben hatte, für die Uranförderung. Der nach dem Ersten Weltkrieg durch die Deutschen begonnene Abbau radioaktiven Gesteins wurde nach 1945 von den Russen intensiv fortgesetzt.

Der Reichtum an Bodenschätzen war schon den wallonischen Gold- und Edelsteinsuchern bekannt, die im frühen Mittelalter aus dem südlichen Europa kamen und sich hier im Tal der Eglitz (Jedlica) wie auch andernorts im Riesengebirge niederließen. Die eigentliche Geschichte der Stadt aber begann um die Mitte des 12. Jahrhunderts mit der Entdeckung der Eisenerzvorkommen. Als der damalige polnische Fürst Bolesłav Kędzierzawy zehn Jahre später den Abbau anordnete, entstand im Umkreis der Zechen eine erste Siedlung, deren Bewohner auch in der weiteren Verarbeitung des metallhaltigen Minerals eine Arbeit fanden. Als der Ort 1513 durch den böhmischen König Vladislav II. die Stadtrechte erhielt, war er bereits neben Breslau und Schweidnitz eines der wichtigsten Zentren der Eisenindustrie Niederschlesiens. Da Bergleute

schon immer als ein mannhafter und furchtloser Menschenschlag galten, verwundert es kaum, dass Schmiedeberger Kumpel 1241 in der Mongolenschlacht bei Wahlstatt (Liegnitz) mitgekämpft haben und damit an einem nicht ganz unbedeutenden Kapitel europäischer Geschichte beteiligt waren. Obwohl das aus Deutschen und Polen rekrutierte Heer gegen die berittenen Truppen von Dschingis Khan damals nicht siegen konnte, zogen sich die Mongolen dennoch umgehend aus Schlesien zurück.

Der Dreißigjährige Krieg brachte Kowary (Schmiedeberg) Zerstörung und das Ende einer florierenden Wirtschaft. Die Grubenschächte waren durch Wassereinbruch überschwemmt, der Bergbau musste eingestellt werden. Erst mit Einführung des Weberhandwerks konnte die Stadt an die vergangene Blütezeit wieder anknüpfen. Zu den damals berühmten Erzeugnissen gehörten die Smyrna-Teppiche, für deren Fabrikation man talentierte Arbeiter in die Türkei schickte, die sich dort mit der speziellen Herstellungstechnik vertraut machten. Im 18. und 19. Jahrhundert konnte dann auch der Bergbau wiederbelebt werden.

Heute zeigen sich die Erfolge eines Strukturwandels, der mit der Beendigung des Uranabbaus Anfang der 1970er-Jahre einsetzte und die Entwicklung des Erholungswesens zum Ziel hatte. Das reizvolle landschaftliche Umfeld im Osten des Hirschberger Tals (Kotlina Jeleniogórska), wo der Landeshuter Kamm (Rudawy Janowickie) auf das Riesengebirge stößt,

Die evangelische Holzkirche Wang in Karpacz Górny (Brückenberg) wurde Anfang des 13. Jahrhunderts in Norwegen am See Vang gebaut und sollte im 19. Jahrhundert abgerissen werden. Schließlich gelangte sie nach einer langen Odyssee an diesen Ort im Riesengebirge.

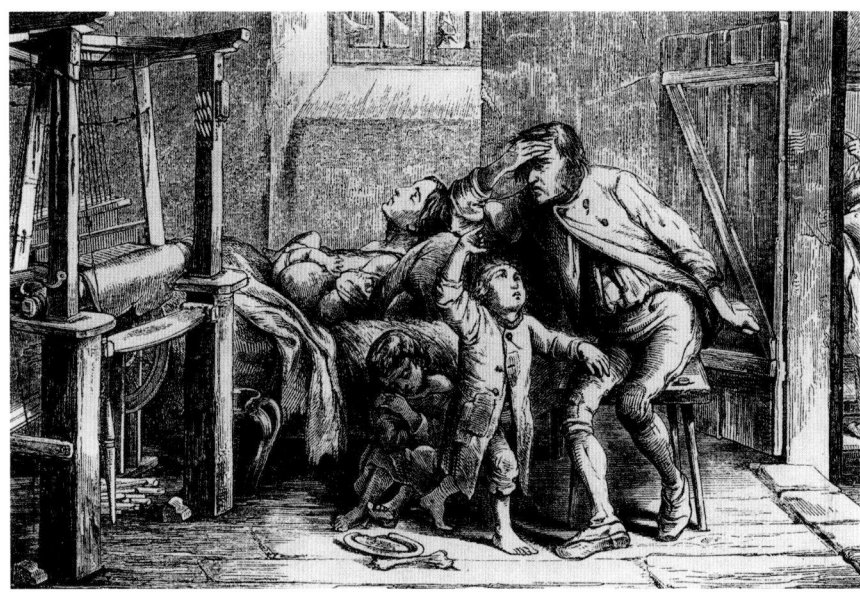

Weberei und Spinnerei boten ab dem 17. Jahrhundert neue Lebensmöglichkeiten. Als aber die Handweberei im 19. Jahrhundert durch Einführung der maschinell hergestellten Waren nicht mehr konkurrenzfähig war, begann das große Elend einer ganzen Berufsgruppe. Der 1844 entstandene Holzstich von Friedrich Wilhelm Gubitz zeigt die bittere Not einer schlesischen Weberfamilie.

sowie die verkehrsgünstige Lage unterhalb des Riesengebirgspasses Przełęcz Kowarska, der in wenigen Autominuten zu den Pomezní boudy (Grenzbauden) auf tschechischer Seite führt, machten Kowary (Schmiedeberg) für den Fremdenverkehr interessant. Trotzdem steht es touristisch immer noch im Schatten des benachbarten Karpacz (Krummhübel). Dabei ist die Stadt selbst nicht ohne Reiz und überrascht in ihrem historischen Zentrum, das sich seit Jahrhunderten kaum verändert hat, mit einigen beachtenswerten Sehenswürdigkeiten: zum Beispiel das klassizistische Rathaus. Der Bau entstand 1768/69 nach Plänen des berühmten, aus Schlesien stammenden Baumeisters Carl Gotthard Langhans, dem Schöpfer des Berliner Brandenburger Tors. Oder die gotisch-barocke Pfarrkirche St. Ma-

rien aus dem 16. Jahrhundert, die der Überlieferung zufolge auf ein Gotteshaus zurückgehen soll, das Schmiedeberger Knappen schon drei Jahrhunderte zuvor gegründet hatten. Neben der Kirche führt eine malerische, im 18. Jahrhundert gebaute Steinbrücke mit dem Standbild des Heiligen Johannes von Nepomuk über das Flüsschen Jedlica. Dass diese Heiligenskulptur hier steht, hat einen guten Grund, denn Johannes von Nepomuk wird in ganz Europa als Brückenheiliger verehrt. Seine Zuständigkeit reicht aber noch weiter. So ist er nicht nur der Schutzpatron Böhmens, sondern auch der des Beichtgeheimnisses, der Verschwiegenheit, der Schiffer, Flößer und Müller. Der Legende zufolge erlitt er

Mit dem Abbau der Bodenschätze, der im Riesengebirge schon um 1400 begann, entstanden an vielen Orten Köhlereien, in denen durch Verschwelen von Holz die für die Verhüttung von Erzen notwendige Holzkohle hergestellt wurde.

1393 unter König Wenzel IV. den Märtyrertod, weil er das Beichtgeheimnis nicht brechen wollte. Was wirklich geschehen war, weiß man nicht genau. Es heißt, der Kirchenmann habe sich geweigert, dem böhmischen Regenten zu verraten, was dessen Frau, die durch ihre Schönheit genügend Grund zur Eifersucht gab, gebeichtet hatte. Er wurde daraufhin gefoltert und von der Prager Karlsbrücke in die Moldau gestürzt. In der Ikonografie sieht man ihn meistens mit einem Kreuz und dem Finger am Mund als Symbol für seine Verschwiegenheit dargestellt. So auch hier auf dem Brückengemäuer in Kowary (Schmiedeberg). Der Sternenkranz über seinem Haupt soll darauf hinweisen, dass der Heilige in einem Lichterkranz die Moldau herabtrieb.
Im unteren Teil der Stadt entstand 2003 auf dem ehemaligen Gelände der Teppichweberei ein Miniaturenpark mit den Sehenswürdigkeiten Niederschlesiens. Mit viel Liebe zum Detail

wurden hier die berühmtesten Bauwerke der Region – Schlösser, Adelssitze, Kirchen, Klöster und sogar komplette Altstädte – im Maßstab 1:25 nachgebildet. Im Sommer sind die Miniaturen in einem kleinen Park ausgestellt, in der Wintersaison kann man sie in einer ehemaligen Werkshalle bewundern.
Eine Besucherattraktion ganz anderer Art ist der stillgelegte Bergwerksstollen, in dem ab den 1920er-Jahren Uranerz abgebaut wurde. Der Betrieb in den sogenannten Geheimwerken „R1" dauerte dort bis 1973. Bis dahin hatte man über 20 Stollen bis in eine Tiefe von 700 Metern gebohrt. Heute wird in einem der stillgelegten Stollen ein unterirdisches Radon-Inhalatorium betrieben. Es ist eines der weni-

In vielen Orten des Riesengebirges trifft man auf eine Statue des heiligen Johannes von Nepomuk wie hier auf der Steinbrücke in Kowary (Schmiedeberg). Er ist der Schutzpatron Böhmens sowie des Beichtgeheimnisses und wird europaweit als Brückenheiliger verehrt.

Die alte Industriestadt Kowary (Schmiedeberg) hat sich nach dem Niedergang des Bergbaus zu einem freundlich aussehenden Erholungsort entwickelt. Stattliche Wohnhäuser an der mit Ahornbäumen gesäumten Hauptstraße erinnern an die Zeit wirtschaftlicher Blüte.

Die Hauptstraße von Schmiedeberg mit dem Rathaus um 1830, Radierung von Friedrich August Tittel. Das 1768/69 errichtete klassizistische Gebäude ist ein Werk des aus Schlesien stammenden Baumeisters Carl Gotthard Langhans.

gen Einrichtungen dieser Art weltweit, in denen Radon im Zuge der Speläotherapie eingesetzt wird. Speläotherapie wird auch als Höhlen- oder Heilstollentherapie beziehungsweise Untertage-Klimatherapie bezeichnet. Während der Behandlung atmen die Patienten die kühle, feuchte und leicht radonhaltige Luft ein, die frei von Allergenen ist. Sie soll bei verschiedenen Beschwerden, zum Beispiel Erkrankungen der Atemwege, der Haut und des Bewegungsapparates Linderung verschaffen. Seit 2000 ist es Besuchern dieses Stollens auch möglich, auf einem unterirdischen, 1200 Meter langen Wanderweg, der durch Grotten und Kammern führt, die Arbeit der früheren Bergleute kennenzulernen. Zum Abschluss dieser Unternehmung, so steht in einer Werbeschrift, kann von dem „einzigartigen Potenzwasser" (Woda Potencjalka) probiert werden, von dem es heißt, es habe positiven Einfluss auf die Manneskraft.

Von Jelenia Góra (Hirschberg)
nach Szklarska Poręba (Schreiberhau)

Autoren der Vergangenheit haben
Hirschberg, das heutige Jelenia Góra,
als eine der schönsten Städte Deutschlands bezeichnet und gern mit Frei-
burg im Breisgau verglichen, wenn
vom südlichen Charme seiner Altstadt
und der Lage am Rande des Gebirges
die Rede war. Umringt von waldbedeckten Hügeln, die sich nach Süden
hin bis zu den steilen Nordflanken des
Riesengebirges emporwölben, bildet es
ein Zentrum für den schlesischen
Bergtourismus. Hätte die Stadt eine
Universität bekommen, was in den
1870er-Jahren vorgeschlagen wurde,
wäre sie der Schwarzwaldmetropole
an Bedeutung ebenbürtig gewesen.
Aber auch ohne Alma Mater war
Hirschberg von klassisch gebildeten
Menschen bevölkert, die die Musen
pflegten und sich in der griechischen
und römischen Mythologie auskann-
ten. Auf ihren fernen Reisen hatten die
örtlichen Schleier- und Leinenhändler
Landschaften kennengelernt, bei deren
Anblick sie an ihr Heimatgebiet hatten
denken müssen. Nach Hause zurückgekehrt, wollten sie nun die fremden
Namen mit den Bergen ihrer vertrau-
ten Umgebung verbinden. So mancher
Fremde musste sich in der Vergangenheit sehr wundern, hörte er bei seinen
Streifzügen durch das Hirschberger
Riesengebirgsvorland vom Trafalgar-

und Gibraltarfelsen, vom Uraniafelsen
und vom Helikon, von einem Apollo-
tempel, von Nymphen- und Grazien-
wegen. Ein südlich der Stadt liegendes
Miniaturgebirge mit Erhebungen zwischen 400 und 500 Metern wurde
Mitte des 19. Jahrhunderts unter der
Bezeichnung „Abruzzen" zusammen-
gefasst. Nun mochte sich nicht jedem
die Ähnlichkeit mit den berühmten
Originalen auf Anhieb erschließen,
trotzdem hatten sich diese exotisch
und mythisch anmutenden Benennun-
gen durchgesetzt, bis sie nach dem
Zweiten Weltkrieg durch polnische
Namen ersetzt wurden. Der frühere
Kavaliersberg heißt jetzt Wzgórze
Kościuszki, und mit Wzgórze Krzy-
woustego ist der Hausberg gemeint,
ein Hügel, der am westlichen Stadt-
rand liegt und von seinem Aussichtsturm nicht nur einen wunderbaren
Blick auf das Riesengebirge mit seinen
waldbedeckten Vorbergen bietet, sondern auch eine freie Sicht auf Jelenia
Góra (Hirschberg) gestattet.
Mittelpunkt der Altstadt ist der
Markt, ein riesiges Geviert, das von
prächtigen Bürgerhäusern mit
schmuckvollen Barockgiebeln und
umlaufenden Arkaden gesäumt ist. In
der Mitte stehen das klassizistische,
zwischen 1744 und 1749 gebaute Rathaus und gleich nebenan der Neptun-
brunnen, der noch ein paar Jahrzehnte
älter ist. Im Sommer haben die Gast-
stätten und Cafés, die in den Laubengängen untergebracht sind, ihre Tische
und Stühle im Freien aufgestellt, und
wenn man hier an lauen Abenden
sitzt, umgeben von quirligem Leben,
fällt es nicht schwer, sich in südliches

Blick vom Hausberg auf die Kapitale des schlesischen Riesengebirges: Die über 700 Jahre alte Stadt Jelenia Góra – das ehemalige Hirschberg – ist das kulturelle und wirtschaftliche Zentrum im Hirschberger Tal.

Folgende Doppelseite: Der Marktplatz mit seinen schmucken alten Bürgerhäusern und Arkaden zeugt von dem Wohlstand, den die Stadt in der Vergangenheit durch den Handel mit Schleierleinen erworben hatte.

Ambiente versetzt zu fühlen. Der barocke Aufbau der Altstadt stammt aus der Zeit, als Hirschberg im 17. bis 18. Jahrhundert große Mengen von Leinen und zarten Schleiern exportierte, die in den Dörfern des Riesengebirgsvorlandes in häuslicher Produktion hergestellt wurden. Der Handel mit Webereierzeugnissen machte die Stadt zu einer der reichsten in Schlesien, während die Leinweber durch die zunehmende industrielle Fertigung und deren preisgünstigeren Fabriktextilien in die Armut abgedrängt wurden. Die Voraussetzung des wirtschaftlichen Aufstiegs war allerdings schon im Mittelalter durch einige Privilegien wie die Erteilung der Stadtrechte, des Münz- und des Braurechts geschaffen worden. Der Abbau von Edelmetallen und die Glasherstellung begründeten schließlich den beginnenden Wohlstand.

Nicht weit vom alten Stadtkern entfernt blieben Reste einer Burganlage erhalten, die aus der Zeit von König Boleslaw dem Schiefmund stammt. Eine Inschrift an der Rathauswand bestätigt, dass jener Herrscher Anfang des 12. Jahrhunderts der Gründer Hirschbergs war. Verlässt man den Marktplatz in östlicher Richtung, passiert man zunächst die Pfarrkirche St. Erasmus und Pankratius, eine spätgotische Basilika aus dem 14. bis 15. Jahrhundert, und erreicht nach wenigen Minuten die Barockkirche „Zum Heiligen Kreuz". Sie ist das größte Gotteshaus Schlesiens und eine der sechs evangelischen „Gnadenkirchen", die der österreichische Kaiser nach der Altranstädter Konvention 1707 (Abkommen über die evangelische

Die nächtliche Beleuchtung umgibt den Hirschberger Marktplatz mit einem stillen Zauber. Im Mittelpunkt steht das Rathaus, das zwischen 1744 und 1749 im Renaissance-Stil gebaut wurde, nachdem sein Vorgängerbau eingestürzt war.

Rechte Seite: Die Barockkirche „Zum Heiligen Kreuz" ist eine der sechs evangelischen Gnadenkirchen und eines der größten Gotteshäuser Schlesiens: Über 4000 Menschen finden darin Platz.

Religionsfreiheit) den schlesischen Protestanten zur Ausübung ihrer Religion bewilligen musste. Die Pläne für ihren Bau, der in den Jahren 1709 bis 1718 verwirklicht wurde, hatte der Architekt Martin Frantz nach dem Vorbild der Stockholmer Katharinenkirche erstellt. Heute findet in der über 4000 Menschen Platz bietenden Kirche der katholische Gottesdienst statt.

Der südwestliche Stadtteil geht nahtlos in den eingemeindeten Kurort Cieplice Śląskie Zdrój (Bad Warmbrunn) über, der bereits seit dem 13. Jahrhundert als Heilbad bekannt ist. Seinen Ruf verdankt er den 20 bis 42 Grad warmen Quellen, die aus einer Tiefe von bis zu 3000 Metern sprudeln und die bei der Behandlung von Rheuma sowie Erkrankungen der Haut und des Nervensystems erfolgreich eingesetzt werden. Die Entwicklung zu einem

angesehenen Badeort hatten von 1403 bis 1810 die Zisterzienser von Grüssau, dem heutigen Krzeszów, vorangetrieben, während der weitere Ausbau durch die Adelsfamilie von Schaffgotsch erfolgte. Der Familie gehörten große Teile des schlesischen Riesengebirges, darunter auch Warmbrunn. Ihre letzte Residenz, der spätbarocke Palast aus den Jahren 1784 bis 1789, beherrscht heute noch das architektonische Ensemble am Rande des Kurparks. Von gänzlich anderem Gepräge war der ursprüngliche Wohn- und Verwaltungssitz des Adelsgeschlechts auf der benachbarten Chojnik (Kynast), einer Burg, die auf dem Granitfelsen eines 627 Meter hohen Bergs thronte. Heute ist die malerische Rui-

Seit Jahrhunderten
als Heilbad bekannt:
der Kurort Cieplice
Śląskie Zdrój,
das ehemalige Bad
Warmbrunn.
Die Abbildung zeigt
die Fußgängerzone
mit den kurörtlichen
Einrichtungen sowie
den Turm der
1712–1714 gebauten
Johanneskirche.

ne ein beliebtes Ausflugsziel. Diese
Festung hatte Fürst Bolko II. Mitte des
14. Jahrhunderts anlegen lassen, um
die neu besiedelten Gebiete ringsum
schützen zu können. Im Jahre 1381
übernahm sie der Ahnherr der schlesischen Adelsfamilie von Schaffgotsch.
Die Anlage wurde dann mehrmals
ausgebaut, musste aber 1675 verlassen
werden, weil die Burg nach einem
Blitzeinschlag abbrannte. Seitdem
besteht sie nur noch als Ruine, die
Anfang des 20. Jahrhunderts als Kulisse für ein romantisches Schauspiel entdeckt wurde. In dem einst gern gese-
henen Stück ging es um die Sage von
Kunigunde, Tochter des Ritters Bruno
von Scharfeneck, die ebenso schön wie
grausam gewesen sein soll. Der Erzählung zufolge soll sie von ihren Freiern,
bevor sie einem von ihnen ihr Herz zu
schenken bereit war, eine Mutprobe
abverlangt haben. Nur derjenige, der
die Mauerkrone der Burganlage
umritte, könne um ihre Hand anhal-
ten. Das grausame Spiel brachte so
manchem wackeren Burschen den
Tod. Keiner bestand die Probe, bis
eines Tages ein stattlicher Ritter kam,
der das waghalsige Abenteuer unbe-
schadet überstand. Als nun Kunigunde
mit Jubelschrei den kühnen Jüngling
in die Arme schließen wollte, ver-
schmähte dieser den versprochenen
Lohn und wies die blutbefleckten
Hände, die sich ihm entgegenstreck-
ten, zurück. Nach den Überlieferun-
gen bleibt das weitere Schicksal Kuni-
gundes ungewiss. In der Inszenierung
der Kynast-Festspiele stürzte sich das
in seinem Stolz gekränkte und gede-
mütigte Burgfräulein, das mit der erlit-

Eine exzellente Aussicht auf das Hirschberger Tal und das Riesengebirge ermöglicht der Bergfried des Chojnik (Kynast). Die Burg aus dem 14. Jahrhundert gehörte ursprünglich zur Piastendynastie und war später für lange Zeit Wohnsitz der schlesischen Adelsfamilie von Schaffgotsch.

tenen Schmach nicht mehr leben wollte, von der Burgmauer selber in den Tod.

In der Umgebung des sagenumwobenen Kynast hatte sich Gerhart Hauptmann niedergelassen. Am 10. August 1901 bezog der Dichter „Haus Wiesenstein" in Agnetendorf, dem heutigen Jagniątków. Gerhart Hauptmann hatte sich die Jugendstilvilla von dem Berliner Architekten Hans Griesebach bauen lassen. Hier verstarb er am 6. Juni 1946 kurz vor der durch die russische Militärverwaltung angeordneten Aussiedlung. „Bin ich noch in meinem Haus?", soll sich der schon vom Tode Gezeichnete drei Tage vor seinem Ableben vergewissert haben.

Die bange Frage lässt ermessen, wie sehr ihn das Verlassen der „mythischen Schutzhülle seiner Seele", wie er sein Heim einmal nannte, belastet hatte. An einen Besuch im November 1937 erinnerte sich der Schriftsteller Erhart Kästner: „Im Turmzimmer brannte der offene Kamin. Im tiefen Sessel davor, zum Feuer gewandt, saß er, vom Haar wie von Eisluft umweht. In sich gekehrt, war er wie allein. In den Stunden, in denen es galt, dem Tag seinen Wert abzuringen, war er zu fast demütiger Milde erweicht." Seit 2001 wird das Haus als deutsch-polnische Begegnungsstätte genutzt, die in einer Ausstellung das Leben und Wirken Gerhart Hauptmanns würdigt. Jagniątków (Agnetendorf) ist Ausgangsort vieler interessanter Wanderwege. Einer davon führt von „Haus Wiesenstein" in etwa zwei Stunden

Die Villa Wiesenstein von Gerhart Hauptmann in Jagniątków (Agnetendorf). In diesem kastellartigen Gebäude, das der Dichter einmal als „mythische Schutzhülle seiner Seele" bezeichnete, lebte und arbeitete er von 1901 bis zu seinem Tode 1946.

durch den Wald hinauf zum Riesengebirgskamm. In seinem oberen Abschnitt gewährt die Route faszinierende Blicke in den Gletscherkessel der Schwarzen oder Agnetendorfer Schneegrube (Czarny kocioł Jagniątkowski) sowie in die beiden weiter östlich gelegenen alten Gletscherkare der Großen und Kleinen Schneegrube (Śnieżne Kotły), die durch einen schmalen Felsgrat getrennt sind. Mit ihren fast 250 Meter tief abfallenden, zerklüfteten Granitfelsen machen sie einen gewaltigen, aber auch sehr düsteren Eindruck.

Etwas größer ist der zeitliche Aufwand, den der Wanderer für die Strecke nach Szklarska Poręba (Schreiberhau) einplanen muss. Der im 14. Jahrhundert von Glasmachern gegründete Ort war und ist immer noch eines der wichtigsten Gebirgstore im westlichen Teil des schlesischen Riesengebirges und ein Zentrum der Sommer- wie auch der Wintererholung. Mit dem Bau der Eisenbahnlinie 1900 bis 1902 bekam der schon einige Jahrzehnte zuvor begonnene Fremdenverkehr einen enormen Entwicklungsschub. Bevor aber der Tourismus zur wichtigsten Erwerbsquelle wurde, bezog Szklarska Poręba (Schreiberhau) seine Bedeutung aus der Glasherstellung, später auch aus der Weberei und Spinnerei. Weltruf erlangten die Erzeugnisse der 1842 durch Graf Leopold von Schaffgotsch gegründeten Josephinenhütte am Westrand der Stadt, die später unter dem Namen Juliahütte (Huta Szkła Julia) firmierte. Hier schufen die Glasbläser und -schleifer kunstvolle Kristallwaren, die

Die Josephinenhütte in Szklarska Poręba (Schreiberhau) – später wurde sie in Juliahütte umbenannt – war die bedeutendste Glashütte Schlesiens. Ihr enormer Bedarf an Holz zur Herstellung der europaweit begehrten Kristallgläser verursachte aber den Kahlschlag großer Waldgebiete.

auch am königlichen und kaiserlichen Hof in Berlin sehr geschätzt wurden. Den Preis dieser Entwicklung zahlte die Natur, denn für das benötigte Brennmaterial wurden große Waldgebiete abgeholzt. Die gerodeten Flächen boten zugleich zusätzlichen Raum für die Siedlung, die sich allmählich immer weiter ausbreitete, sodass der Ort bald sechs Bahnhöfe brauchte.

Wo die Elbe so heimlich rinnt

Heimlich rinnt die Elbe, wie es im Refrain des Riesengebirgsliedes von Othmar Fiebiger heißt, nicht lange. Denn kaum ist sie aus dem Hochmoor der Labská louka in 1386 Meter Höhe ans Tageslicht gedrungen, plätschert sie bereits ganz munter durch die Wiesen und hat bereits nach zwei Kilometern so viel Wasser angesammelt, dass sie nahe der Elbfallbaude (Labská bouda) mit einem übermütigen Sprung in den Grund eines 40 Meter tiefen Felsenkessels ein viel bestauntes Spektakel bietet. Als habe sie sich bei diesem Gewaltakt verausgabt, nimmt sie nun vorübergehend etwas Schwung aus ihrem Lauf und mäandert mit ruhigen, ausladenden Schleifen durch den oberen Teil des Elbgrundes (Labský důl). Bevor der junge Fluss wieder mit der spielerischen Leichtigkeit seiner Jugend von Fels zu Fels hüpft, scheint er für einen kurzen Moment innezuhalten und Kraft zu sammeln für die 1091 Kilometer lange Reise bis zur Mündung in die Nordsee. Dafür bekommt er bald Verstärkung durch zahlreiche, von beiden Seiten zuströmende Gebirgsbäche, vor allem aber durch seine Schwester, die Weiße Elbe (Bílé Labe). Der auch als Weißwasser bezeichnete, acht Kilometer lange Wildbach entspringt unterhalb der Schneekoppe im 1432 Meter hoch gelegenen Aupa Hochmoor (Úpské rašeliniště) und ist der zweite bedeutende Quellbach der Elbe. An der Stelle, an der beide zusammenfließen, durchbricht das vereinigte, nun kraft-

voll brausende Bergwasser den gewaltigen Felsriegel des Inneren Kamms, der dem Riesengebirgshauptkamm als Parallelrücken südlich vorgelagert ist. Durch diese Lücke findet es aus der Umklammerung der engen Hochtäler heraus und drängt nun mächtig schäumend der Ortschaft Špindlerův Mlýn (Spindlermühle, aufgrund eines Schreibfehlers wurde sie zeitweise auch Spindelmühle genannt) entgegen. Nicht zu Unrecht nannte man diesen berühmten, zwischen 710 und 850 Meter Höhe gelegenen Kurort und Wintersportplatz das „böhmische St. Moritz". Seine hübsche Lage am Ausgang von drei reizvollen Gebirgstälern, die günstigen klimatischen Bedingungen sowie die hervorragenden Wintersportmöglichkeiten haben ihn zum bekanntesten und beliebtesten Erholungszentrum im böhmischen Riesengebirge gemacht. Seinen Namen verdankt das Städtchen dem aus der Bergbausiedlung St. Peter stammenden Franz Spindler, der Mitte des 18. Jahrhunderts in der benachbarten Siedlung eine Mühle betrieb, die mit Gaststätte, Einkaufsladen und einem bescheidenen Pensionsbetrieb bald zum Mittelpunkt der kleinen Gemeinde wurde. Auch zum gemeinsamen Gottesdienst trafen sich die frommen Gebirgler in der Mühle. Dort verfasste man schließlich eine Bittschrift an Kaiser Joseph II. in Wien mit dem Anliegen, den Bau einer Kirche zu genehmigen.

Die Elbe entspringt im westlichen Teil des böhmischen Riesengebirges, knapp 100 Meter unterhalb der Kammlinie. In der Vergangenheit eine spirituelle Stätte, ist der künstlich angelegte Brunnen heute ein Sammelpunkt vieler Gebirgsausflügler.

Ein weiteres Gesuch mit dem gleichen Begehr folgte Jahre später. 1793 erfüllte ihnen schließlich der nachfolgende Regent auf dem österreichischen Thron, Franz II., den Wunsch nach einem eigenen Gotteshaus. Da sich die Administration des Monarchen nicht sicher war, an welche Adresse das Bewilligungsschreiben zu richten war, begnügte man sich damit, als Anschrift lediglich „Spindlermühle" einzusetzen. Und so nannte sich fortan die aus der Bergbausiedlung St. Peter hervorgegangene Gemeinde mit ihren weit verstreut liegenden Häusern und Einöden.

Die ersten Touristen kamen Mitte des 19. Jahrhunderts. Betrachtet man heute die alten Bilder des sich damals rasch entwickelnden Erholungsortes, so wird man kaum noch Ähnlichkeiten mit dem gegenwärtigen Stadtbild feststellen. Im Umkreis der Elbbrücke, dort, wo einst die Mühle klapperte, pulst das Fremdenverkehrsleben mit

Cafés, Geschäften, einer Uferpromenade und großen Hotelanlagen. Die Statue des Heiligen Johannes von Nepomuk steht am Brückenkopf und wacht mit freundlichem Gesicht über das emsige Treiben. Er konnte es auch nicht verhindern, dass in den vergangenen Jahrzehnten touristische Einrichtungen im Megaformat den Charakter der ursprünglichen Bebauung zerstörten. Außerhalb des eng begrenzten Zentrums aber findet man sie noch: Häuser, die die Gebirgler in der Übergangszeit vom 19. zum 20. Jahrhundert in der für diese Gegend so typischen Blockbauweise mit Giebelverzierung errichtet haben.

Am nördlichen Ortsrand liegt die Talstation des viersitzigen Sessellifts, der zum 1233 Meter hohen Schüsselberg (Medvědín) führt und dabei innerhalb kurzer Zeit einen Höhenunterschied

Der Elbfall (Labský vodopád). Nicht weit von ihrer Quelle entfernt stürzt das Wasser der jungen Elbe über schroffe Felsen 45 Meter tief in den Elbgrund.

Nach diesem Kraftakt beruhigt sich der Elbbach und windet sich mit zahlreichen Mäandern durch den oberen Teil des Elbgrunds (Labský důl).

Das Weißwasser (Bílé Labe) ist der zweite große Quellbach der Elbe. Er entspringt auf der Weißen Wiese (Bílá louka) unweit der Wiesenbaude.

An der Elbbrücke in Špindlerův Mlýn (Spindlermühle) pulsiert das Leben des quirligen Erholungsortes. Mit dabei: der heilige Johannes von Nepomuk, der das bunte Treiben wohlwollend beobachtet.

Folgende Doppelseite: Der Aussichtspunkt an der oberen Absturzkante des Pantschefalls (Pančavský vodopád) ermöglicht herrliche Einblicke in den Elbgrund. Der Wasserfall ist mit einer Höhe von 140 Metern der höchste im ganzen Riesengebirge.

Der 1892 errichtete steinerne Aussichtsturm auf dem Přední Žalý (Heidelberg) wird seinem Namen gerecht: Wer dort oben hinaufsteigt, wird mit einem grandiosen Panorama auf das Gebirge und sein Vorland belohnt. Der Gasthof, wie ihn die historische Postkarte zeigt, existiert heute allerdings nicht mehr.

von etwa 500 Metern bewältigt. Im Winter wird der bewaldete Gipfel von Skifahrern bestürmt, die das Vergnügen einer rasanten Abfahrt auf einer der beliebtesten Pisten der Region genießen. Im Sommer aber ist der Berg ein hervorragender Ausgangspunkt für Wanderunternehmungen in das Kammgebiet. Der nur mäßig ansteigende Weg, der sich von hier über den Krkonoš zur Elbquelle hinaufschwingt, wird wegen der reizvollen Fernsicht gern begangen. Er gewährt zudem atemberaubende Blicke in das Elbetal sowie auf den Pantschefall (Pančavský vodopád) zur einen und auf die schroff abfallenden Südflanken der Kesselkoppe (Kotel) mit ihren Gruben zur anderen Seite.

Unterhalb von Špindlerův Mlýn (Spindlermühle) wird das Wasser der Elbe in einem etwa tausend Meter langen Stausee gesammelt. Die nach vierjähriger Bauzeit im Jahre 1914 fertiggestellte Talsperre dient dem Hochwasserschutz und soll verhindern, dass der Fluss im Frühjahr bei einer schnellen Schneeschmelze oder nach heftigen sommerlichen Regenfällen unkontrolliert und mit reißender Kraft zu Tale stürzt. An ihrer Außenmauer sind die Initialen von Kaiser Franz Joseph I. eingearbeitet als Symbol für die Verbundenheit mit der österreichisch-ungarischen Monarchie.

Weiter stromabwärts schlängelt sich das Tal zwischen den Bergzügen hin, rechts steigen die Hänge zum 1019 Meter hohen Heidelberg (Přední Žalý) empor, auf dem ein steinerner Aussichtsturm faszinierende Blicke auf das Riesengebirge mit seinem Vorland ermöglicht.

Nachdem sich die Elbe gurgelnd und Gischt sprühend durch eine enge Klamm, Labská soutěska, gezwängt

Ein Schmuck der alten Elbstadt Vrchlabí (Hohenelbe) sind die teilweise aus Holz errichteten Giebelhäuser mit ihren Loggien. Das Gebäude mit der Aufschrift „Dům Kryštofa z Gendorfu" weist auf den Gründer der Stadt, Christoph von Gendorf, hin.

hat, strömt sie nun in ihrem jungen Lauf der alten Elbstadt Vrchlabí, dem ehemaligen Hohenelbe, entgegen. Die ältesten Spuren ihrer Besiedlung reichen bis in das 13. Jahrhundert zurück. Als der Ort 1533 die Stadtrechte mit eigenem Wappen erhielt, herrschte bereits durch die Verhüttung von Eisen ein reges wirtschaftliches Leben, das später durch die Erzeugung von Textilien neue Impulse bekam. Entlang der Hauptstraße stehen noch mehrere, teilweise aus Holz errichtete Weberhäuser aus dem 19. Jahrhundert. Von der industriellen Vergangenheit, dessen Erbe heute nur durch eine Niederlassung der tschechischen Škoda-Werke bewahrt wird, spürt der Besucher jedoch kaum etwas. Bei einem Einkaufsbummel in den Laubengängen an der Krkonošká-Straße genießt er die Abwechslung kleinstädtischer Betriebsamkeit und bestaunt die alten Gebäude mit ihren kunstvoll verzierten Holzgiebeln und Loggien. Zu den ältesten noch erhaltenen volkstümlichen Bauwerken im Riesengebirge gehören die sogenannten „Drei Giebelhäuser". Bei ihrer Restaurierung 1976 bis 1981 fand man in einer der Giebelplatten die Jahreszahl 1623. Ein Teil des Gebäudeensembles gehört heute zum Riesengebirgsmuseum, das neben Exponaten der Volkskunst auch eine komplett eingerichtete Weberstube zeigt.

Unter den historischen Gebäuden dominiert ein vom Stadtgründer Christoph von Gendorf 1545 bis 1546 gebautes Renaissanceschloss, das mit seinen vier Ecktürmen an den wehrhaften Charakter eines italienischen Kastells erinnert. Während des Dreißigjährigen Kriegs hieß der neue Schlossherr Albrecht von Wallenstein,

Komplett ein-
gerichtete Stube eines
Webers im Riesen-
gebirgsmuseum von
Vrchlabí. Die Haus-
weberei bildete im
17. und 18. Jahr-
hundert die Lebens-
grundlage für
einen großen Teil
der Riesengebirgs-
bevölkerung.

der die Herrschaft Hohenelbe erworben hatte. Nach dessen Tod ging das
Eigentum an die Familie derer von
Morzin über. Heute sind es keine Adligen, die hier ein- und ausgehen, sondern Bürger, die im Stadtamt, das hier
untergebracht ist, zu tun haben. Besucher können vier monumentale
Gemälde mit Darstellungen von
Bären, die im 17. und 18. Jahrhundert
im Riesengebirge geschossen wurden,
in der Eingangshalle besichtigen. Das
wertvollste Ausstattungsstück aber
steht im ehemaligen Rittersaal und ist
ein Kachelofen, der nicht nur wegen
seiner Größe, sondern vor allem durch
seine Bemalung in Majolika-Technik
beeindruckt.
Bevor die Reise elbabwärts fortgesetzt
wird, sei an dieser Stelle noch auf das
hübsche Nachbarstädtchen Jilemnice
(Starkenbach) hingewiesen, das etwa
sieben Kilometer westlich von Vrchla-

bí in der Hügellandschaft des Riesengebirgsvorlandes liegt. Zu Beginn des
14. Jahrhunderts gegründet, entwickelte es sich sehr bald zu einem wirtschaftlichen Zentrum der Herrschaft
Štěpanice, deren Besitzer die Herren
von Wallenstein waren. Als Zeugnis
ihrer Anwesenheit hinterließ das Gra-
fengeschlecht unweit von hier, in Richtung Benecko (Benetzko), die Reste
einer Burg, in der sie einst residierten.
Die Teilung der Herrschaft gegen Ende
des 16. Jahrhunderts, von der auch
Jilemnice betroffen war, schlechte
wirtschaftliche Bedingungen und die
Verwüstungen im Dreißigjährigen
Krieg begründeten schließlich den
Rückgang der zuvor hoffnungsvollen
Entwicklung. Dass die Stadt vor dem

Das Schloss von Vrchlabí (Hohenelbe) wurde von einem unbekannten Baumeister im Stil eines italienischen Kastells mit vier Ecktürmen errichtet. Einer der prominenten Hausherren war hier Albrecht von Wallenstein, der während des Dreißigjährigen Krieges den Besitz Hohenelbe erworben hatte.

völligen Zerfall bewahrt blieb und sich allmählich wieder zu neuer Blüte emporarbeiten konnte, verdankt sie der geschickten Politik der Grafen von Harrach, die Anfang des 17. Jahrhunderts die Führungsrolle in der Region übernommen hatten. Sie vereinigten die getrennten Teile des Herrschaftsgebiets und bewirkten durch die Förderung des Glashüttenwesens sowie der Flachsverarbeitung, die teils in Heimarbeit, teils aber auch in den Harrachschen Textilmanufakturen erfolgte, einen enormen Aufschwung. Der Handel mit Leinenerzeugnissen entwickelte sich zu einem profitablen Geschäft und brachte, zumindest einem Teil der Bürger von Jilemnice, Wohlstand und Ansehen.

Von den Angehörigen dieses österreichisch-böhmischen Adelsgeschlechts ist am deutlichsten Jan Harrach in Erinnerung geblieben. Seinem Namen begegnet man heute an vielen Stellen im böhmischen Riesengebirge. Ihm

verdankt die Region nicht nur den Ausbau des Straßen- und Wanderwegenetzes sowie die Förderung des Gebirgstourismus, sondern auch die Gründung des ersten Naturschutzgebietes im Riesengebirge, das 1904 oberhalb des Elbgrundes mit einer Fläche von etwa 60 Hektar ins Leben gerufen wurde. Nach ihm wurde nicht nur der mittlerweile viel besuchte Touristenort Harrachsdorf (Harrachov) benannt, wo er eine Glashütte betrieb, sondern auch ein von 1876 bis 1879 angelegter Wanderweg, der durch das Mummeltal zur Elbfallbaude (Labská bouda) und weiter nach Špindlerův Mlýn (Spindlermühle) führt. Für die häufigen Aufenthalte in seiner Herrschaft ließ er sich 1892 in Jilemnice das aus dem 16. Jahrhundert stammende Schloss im Stil der Neorenaissance ausbauen. Heute ist dort ein

Grabkapelle zum Heiligen Kreuz in Horní Branná (Ober-Brennei). Der achteckige Bau im byzantinischen Stil ist die letzte Ruhestätte von Angehörigen der gräflichen Familie von Harrach. Aus diesem Geschlecht stammte auch Jan Nepomuk Graf von Harrach (1828–1909, Abb. oben), der die Herrschaft Jilemnice (Starkenbach) besessen und die wirtschaftliche und touristische Entwicklung in diesem Teil des böhmischen Riesengebirges vorangetrieben hatte.

bedeutendes Riesengebirgsmuseum untergebracht. Jan Harrach hatte im Riesengebirge auch einen Lieblingsbaum, eine 150 Jahre alte Fichte mit einem Durchmesser von 80 Zentimetern, die allerdings noch zu seinen Lebzeiten wegen Borkenkäferbefalls gefällt werden musste. Eine Scheibe aus dem Stamm der sogenannten Harrachfichte ist an der Blockhütte der Nationalparkverwaltung oberhalb von Špindlerův Mlýn (Spindlermühle) bei Dívčí lávky ausgestellt. An den Jahresringen sind Zeitmarken angebracht, die auf wichtige Ereignisse des Nationalparks hinweisen.

Es gibt in der Region noch zahlreiche Orte, die an das Adelsgeschlecht der Harrachs erinnern. So zum Beispiel in Horní Branná (Ober-Brennei), einem kleinen Nachbarort von Jilemnice.

Dort befindet sich die Grabkapelle der gräflichen Familie – ein bemerkenswerter, im byzantinischen Stil errichteter achteckiger Bau mit steinerner Krypta.

Das heutige Stadtbild von Jilemnice entstand im Wesentlichen nach den großen Bränden von 1788, 1833 und 1838. So bekam das 1789 errichtete Rathaus fünf Jahre nach der letzten gewaltigen Feuersbrunst sein gegenwärtiges Aussehen. Das barocke Skulpturenensemble vor seinem Laubengang ist allerdings um einige Jahrzehnte älter. Es zeigt in der linken Gruppe die Jungfrau Maria, flankiert von den Heiligen Barbara und Maria Magdalena, und in der rechten Christus am Kreuz mit dem Heiligen Johannes von Nepomuk und dem Heiligen Wenzel an seiner Seite.

Ein Kunstobjekt ganz anderer Art, das alljährlich in der Winterzeit die Bürger erfreut, ist der aus Schnee gebildete Rübezahl. Er steht – sofern der Winter

Blick von Benecko (Benetzko) auf das hügelige Land der alten Herrschaft Štěpanice (Stepanitz), die einst den Herren von Wallenstein gehörte.

Ein schönes Beispiel der volkstümlichen Architektur im böhmischen Riesengebirge bietet das „Neugierige Gässchen" in Jilemnice (Starkenbach). Besonders schmuckvoll wurden die gezimmerten Dachgiebel der 1788/89 gebauten Blockhäuser gestaltet.

Drei Frauen der christlichen Geschichte dominieren den Marktplatz von Jilemnice (Starkenbach): Die barocke Skulpturengruppe aus dem 18. Jahrhundert vor dem Rathaus stellt die Jungfrau Maria mit den Heiligen Barbara und Maria Magdalena dar.

genügend Schnee beschert – in der Mitte des Marktplatzes, dort, wo sonst der Brunnen plätschert, und wacht mit vereister Miene über das städtische Treiben. Und das schon seit 1908, wie ein Fotodokument aus diesem Jahr belegt.

Wenn es um Schaulust geht, ist man in der Zvědavá ulička, dem „Neugierigen Gässchen", richtig. Es gibt keinen anderen Ort der Stadt, an dem die Fotoapparate häufiger klicken als hier. Ihren Namen erhielt die Gasse wegen der Anordnung der Häuser, die stets um eine Fensterbreite in die Straße versetzt sind. Ihre Bewohner – so die Begründung – sollten eine gute Sicht in Richtung Marktplatz haben. In der Vergangenheit lebten hier hauptsächlich kleinere Handwerker: Weber, Bäcker, Kutscher, Schmiede. Die Häuser sind aus dicken Balken gezimmert, die man ursprünglich mit Ochsenblut

imprägnierte, die Zwischenräume mit einem Gemisch aus Lehm und Stroh ausgefüllt. Das Gässchen ist nicht nur eine Augenweide, sondern vermittelt auch einen Eindruck in die Volksarchitektur des böhmischen Riesengebirges. Neugierig darf der Besucher nun auf das sein, was ihn erwartet, setzt er seine Reise von Jilemnice beziehungsweise Vrchlabí in südlicher Richtung fort. Die junge Elbe hat sich nun endgültig aus der Enge der Bergtäler befreit und strebt nun dem sanft hügelnden Riesengebirgsvorland entgegen. In Hostinné, dem ehemaligen Arnau, fließt ihr die Kleine Elbe (Malé Labe) zu. Das Städtchen hat seine Wurzeln in der 1139 vom böhmischen Herzog Sobislaw I. errichteten Burg

Zwei fast fünf Meter hohe Steinfiguren, die sogenannten Riesen, schmücken den Rathausturm von Hostinné (Arnau). Einer Legende zufolge geht die Darstellung auf zwei unerschrockene Männer zurück, die man beauftragt hatte, Stadt und Umland vor bösen Buben zu beschützen.

Hostinné, an die sich 177 Jahre später eine als „Arnow" erstmals urkundlich erwähnte Siedlung anschloss. Das Städtchen darf sich rühmen neben Trutnov (Trautenau) und Jilemnice (Starkenbach) einen der schönsten Marktplätze des böhmischen Riesengebirges zu haben. Das großflächige Geviert ist von Renaissance- und Barockhäusern mit umlaufenden Laubengängen umsäumt, und in seiner Mitte ragt aus einer mit Heiligenfiguren geschmückten Brunnenschale eine Pestsäule empor. Im Blickpunkt des Ensembles steht das alte Rathaus, an dessen Turm zwei steinerne Gestalten mit gigantischen Ausmaßen den Marktplatz wie auch die umliegenden Gassen zu bewachen scheinen. Fragt man nach der Bedeutung dieser beiden „Riesen", so erfährt man eine Geschichte aus der Zeit, als die Siedlung noch von undurchdringlichen Wäldern umgeben war, in denen Räu-

ber und Wegelagerer ihr Unwesen trieben. Auch wilde Tiere und die Möglichkeit, sich in dem unwegsamen Gelände zu verirren, stellten damals für die Bewohner und fremde Reisende eine tödliche Gefahr dar. So wählten die Arnauer aus ihren Reihen zwei starke und unerschrockene Männer von hünenhafter Gestalt – einen Bäcker und einen Metzger –, denen sie die Order gaben, durchs Land zu ziehen und jeden zu beschützen, der Schutz bedurfte. Getreu ihrem Auftrag sollen die beiden wackeren Männer viele Menschen vor Schaden und Unglück bewahrt haben. Ihnen zu Ehren, so heißt es, ließen die Stadtväter am Rathausturm zwei fast fünf Meter große Statuen anbringen.

Böhmische Dörfer

Die Redensart „das sind mir böhmische Dörfer" wird oftmals dann benutzt, wenn man von einer bestimmten Sache absolut nichts versteht. Gemäß einem Lexikon für Sprichwörter und Zitate hat sie ihren Ursprung darin, dass tschechische Ortsnamen für Deutsche nur schwer auszusprechen sind. Das trifft nun aber nicht in jedem Fall zu. Malá Úpa zum Beispiel: zwei kurze Wörter mit vier Vokalen – wie leicht gehen sie von der Zunge, so leicht wie die deutsche Bezeichnung Klein Aupa. Die Ortschaft erstreckt sich im Umkreis des gesamten gleichnamigen Flusstals, das sich vom östlichen Kammgebiet herabsenkt, und ist die höchstgelegene Gemeinde Tschechiens. Ihre Häuser, die meist noch aus Holz gebaut sind, liegen weit verstreut und reichen bis in eine Höhe von 1050 Metern hinauf. Eine der wenigen ebenen Stellen ist die Örtlichkeit U Kostela, zu Deutsch „an der Kirche". Die Kirche selbst bietet mit ihrem zinnoberroten Zwiebelturm eine weithin sichtbare Orientierungshilfe. Durch die Gebäudegruppe, die sich um sie schart, bildet sie eines der schönsten architektonischen Ensembles dieser Gegend. Vom Grün der Wälder schützend umschlossen, wirkt es, aus der Ferne betrachtet, wie ein verstecktes Kleinod, wie eine Oase der Ruhe und des Friedens.
Dabei ging es in diesem entlegenen Gebirgsabschnitt nicht immer friedlich zu. Im sogenannten Kartoffelkrieg von 1778 (Bayerischer Erbfolgekrieg) stießen hier österreichische und preußische Truppen aufeinander. Im September desselben Jahres kam Kaiser Joseph II. als oberster Befehlshaber der österreichischen Armee in diese Gegend, um die Schlachtfelder zu inspizieren. Über den hohen Besuch berichtet die Ortschronik: „In Begleitung seiner beiden Marschälle Laudon und Haddik kam er hoch zu Ross von Albeřice und Lysečiny über den Berg Cestnik geritten. Nachtquartier nahmen sie im später unter dem Namen Mohornmühle (Spálený Mlýn) bekannten Gasthof." Dort soll der Regent den Bewohnern des Tals versprochen haben, sich für den Bau einer Kirche und einer Schule einzusetzen. Diese Zusicherung, die er auch anderen Gemeinden im Riesengebirge gegeben hatte, erscheint umso erstaunlicher, als er zur gleichen Zeit die Auflösung zahlreicher Klöster in der ausgedehnten Monarchie zu verantworten hatte. Dazu gibt es eine Geschichte, die zwar nicht belegt, aber so hübsch ist, dass man auf die Überprüfung ihres Wahrheitsgehalts verzichten möchte: Es wird erzählt, dass Joseph II. eine Erklärung dafür suchte, was die Bewohner einer sonst recht armseligen Berggegend in die Lage versetzt hatte, sich so schmucke Häuser zu leisten. Da seine Nachforschungen in dieser Frage ohne befriedigendes Ergebnis blieben, versprach er ihnen, den Bau einer Kirche zu genehmigen, wenn sie ihm das Geheimnis ihres

Ein von der Welt abgeschiedenes Siedlungsnest, umringt von dunklen Wäldern – so möchte man die Lage von Malá Úpa (Klein Aupa) beschreiben. Die Gemeinde im östlichen Teil des böhmischen Riesengebirges nahe dem Grenzkamm ist die höchstgelegene Tschechiens.

sichtbaren Wohlstandes preisgäben. Die in Aussicht gestellte Belohnung wollte man sich schließlich nicht entgehen lassen, und so gestanden die sonst verschwiegenen Bergler, dass ihnen die Schmuggelgeschäfte mit dem benachbarten Preußen einen Lebensstandard ermöglichten, der es gestattete, auch das eigene Wohnumfeld etwas attraktiver zu gestalten. Vermutlich war der Kaiser von dieser Erklärung nicht sehr erbaut, doch er hielt sein Versprechen, Malá Úpa bekam eine Kirche, ebenso eine Schule – und bald darauf auch eine Zollstation mit strengen Grenzwächtern.

Das Gotteshaus wurde zwischen 1789 und 1791 errichtet und den Aposteln Petrus und Paulus geweiht. Dass fortan dem einträglichen Schmuggel enge Schranken gesetzt waren, konnte die Untertanen aus den grenznahen Riesengebirgstälern nicht davon abbringen, ihrem geliebten Kaiser weiterhin

Ehre zu erweisen, wovon eine Gedenktafel im Kircheninneren zeugt.

Die Lokalität U Kostela bekam bald darauf auch einen Gasthof sowie eine Poststation und eine Försterei. Mehr als anderthalb Jahrhunderte lang bildete sie das Verwaltungszentrum von Malá Úpa, das erst nach 1948 in den verkehrsgünstiger gelegenen Ortsteil Pomezní boudy (Grenzbauden) verlagert wurde.

Heute geht niemand mehr der einst so beliebten Schmuggeltätigkeit nach, längst hat das Geschäft mit dem Fremdenverkehr die traditionellen Wirtschaftsformen – erlaubte wie unerlaubte – ersetzt. In vielen Häusern werden ganzjährig Gästezimmer vermietet. Pomezní boudy ist ein idealer

Blick in den Riesen-
grund (Obří důl).
Das Tal mit seinen
Moränen, Karen und
Schluchten verdankt
seinen Ursprung der
Tätigkeit eines vier
Kilometer langen
Gletschers, der
von den südlichen
Hängen der Schnee-
koppe bis zum
heutigen Ort Pec pod
Sněžkou reichte.

Ausgangsort für Wanderungen auf die Schneekoppe wie auch in das gesamte östliche Riesengebirge. Für den Wintersport stehen sechs Lifte und zwei Langlaufloipen zur Verfügung.

Das bedeutendste Zentrum für den Sommer- und Wintertourismus im östlichen Teil des böhmischen Riesengebirges aber liegt in dem benachbarten, vom Rosenberg (Růžová hora) getrennten Tal, das vom Hauptfluss der Aupa (Úpa) durchflossen wird, und heißt Pec pod Sněžkou (Petzer). Der Ortsname – „Pec" bedeutet im tschechischen Schmelzofen – geht auf die Verhüttung von Kupfer- und Eisenerzen zurück, die vom 16. bis Mitte des 19. Jahrhunderts im Blau- und Riesengrund gefördert wurden. Die Schornsteine der Schmelzöfen sind

mittlerweile verschwunden, heute überragt die Dächer des Städtchens nur noch ein 16 Stockwerke hoher Gebäudeturm, der zur Anlage eines Viersternehotels gehört und umringt ist von anderen neuzeitlichen Pensionsbetrieben. Doch hier und da findet man immer noch die gebietstypische Riesengebirgsarchitektur, Bauden mit hölzernen Ziergiebeln und farbigen Blechdächern, die als Schneerutschen konzipiert sind.

Die Lage unterhalb der Schneekoppe hat Pec pod Sněžkou zu einem der meist besuchten Erholungsorte im böhmischen Riesengebirge gemacht. Grund für den zeitweiligen touristischen Massenansturm dürfte auch die Seilbahn sein, mit der man den höchsten Gipfel des Riesengebirges in zwei Abschnitten bequem und schnell erreichen kann. Wer aber die Mühe nicht scheut, den Aufstieg zu Fuß durch das Tal des Riesengrundes, Obří důl, zu bewältigen, wird mit den schönsten

Janské Lázně (Johannisbad) ist eines der ältesten Heilbäder Böhmens. Seine warmen Quellen wurden bereits 1006 entdeckt, aber erst ab dem 14. Jahrhundert für therapeutische Zwecke genutzt. Die historische Postkarte zeigt das Kurhaus um 1905.

Eindrücken belohnt, die das Gebirge zu bieten hat. In seinem oberen Abschnitt mündet es in einem Felsenkessel, aus dem die Südflanke der Schneekoppe fast 800 Meter emporsteigt. Einst war der Riesengrund von einem vier Kilometer langen Gletscher ausgefüllt, der die für ein Trogtal charakteristische U-Form geschaffen hat. Eine Besonderheit stellt die artenreiche Botanik an den einst vergletscherten Hängen dar. Dort liegen auch die schwer zugänglichen Gebiete Teufelsgärtchen und Rübezahlgärtchen (Čertova und Krakonošova zahrádka), wo man früher die kostbaren Heilkräuter sammelte. Heute gehören diese „Würzgärtchen" zur Kernzone des

Nationalparks und dürfen aus Naturschutzgründen nicht betreten werden. Folgt man von Pec pod Sněžkou dem Aupa-Flüsschen in südlicher Richtung, zweigt nach zwölf Kilometern eine Nebenstraße ab, die in wenigen Minuten nach Janské Lázně (Johannisbad) führt. Seit mehreren Jahrhunderten kommen Scharen von Menschen hierher, die sich durch die örtlichen Heilquellen Linderung ihrer Leiden und Gebrechen versprechen. Entdeckt wurden die Quellen schon vor tausend Jahren. Nach den Aufzeichnungen des Trautenauer Chronisten Simon Hüttel soll im Jahre 1006 durch den Knappen des Ritters Albrecht von Trautenau, Jan von Chockov, die erste warme Quelle entdeckt worden sein. Allerdings ahnte man zu dieser Zeit noch nichts von deren therapeutischer Kraft, denn das Thermalwasser wurde

Im südlichen Gebirgsvorland liegt das Industriestädtchen Trutnov, das frühere Trautenau. Die alte Ansichtskarte zeigt den Ringplatz um 1905 mit der elf Meter hohen Dreifaltigkeitssäule und dem Rübezahlbrunnen.

anfangs für den Antrieb eines Wasserrades, das einen Eisenhammer in Bewegung brachte, genutzt. Die erste schlichte Kureinrichtung entstand im 14. Jahrhundert, als der damalige Herrschaftsbesitzer Zilvar von Silberstein für den Bedarf seiner eigenen Familie die Möglichkeit schuf, warme Bäder anzuwenden. Doch als Kurort entwickelte sich das ruhige Städtchen am Südhang des Schwarzenbergs, dem heutigen Černá hora, erst Mitte des 17. Jahrhunderts. Gegenwärtig wird das Wasser für die Heilbäder aus zwei Quellen gespeist, die sich etwa 80 Meter unter den Grundmauern des Kurhauses befinden. Es sprudelt mit einer Temperatur von 27,5 Grad heraus und hat sich in der therapeutischen Anwendung bei Erkrankungen des Bewegungsapparates und der Atmungsorgane sowie in der Nachsorge bei einer Kinderlähmung als nütz-

lich erwiesen. Heute ist Janské Lázně nicht nur ein weltbekannter Kur- und Erholungsort, sondern auch ein bedeutendes Skisportzentrum.
Weiter südwärts ändert sich das Landschaftsbild, die Täler weiten sich, und wenn man nach 25 Kilometern Trutnov, das ehemalige Trautenau, erreicht, hat sich die Mächtigkeit der Berge in sanft verlaufenden Hügelketten aufgelöst. Einer dieser stadtnahen Hügel, der Galgenberg (Šibeník), auch Gablenzhöhe genannt, hat am 27. und 28. Juni 1866 im Bruderkrieg zwischen Preußen und Österreich, bei dem es um die Neuordnung der Macht in einem geeinigten Deutschland ging, traurige Berühmtheit erlangt. Hier fanden die blutigen Auseinandersetzungen statt, an deren

Der zur Denkmalzone erklärte Altstadtbereich von Trutnov (Trautenau) hat sich in den letzten hundert Jahren kaum verändert. Sorgfältig restaurierte Häuser im Renaissance-, Barock- und auch Jugendstil säumen den Marktplatz, in dessen Mitte der Rübezahlbrunnen sprudelt.

Ende sich die Preußen geschlagen geben mussten. Doch dieser Waffengang war nur das Vorspiel eines viel größeren, der sechs Tage später in der Entscheidungsschlacht bei Königgrätz (Hradec Králové) geführt wurde, und der für die Österreicher mit einer Katastrophe endete. An die Schlacht von Trautenau erinnert heute ein Lehrpfad, der vom Rübezahlplatz im Zentrum der Stadt zur Gablenzhöhe führt, wo ein Denkmal den siegreichen österreichischen General Gablenz ehrt. Nicht nur wegen seiner Militärgeschichte ist Trutnov ein interessantes Besuchsziel. Die Altstadt mit ihren zahlreichen Gebäuden im Renaissance- und Barockstil wurde zur Denkmalzone erklärt. Schnell wird der Besucher zu dem von Laubenhäusern umgebenen Marktplatz finden. Bei einem Bummel in den Arkadengängen oder der Rast am Rübezahlbrunnen kann man die Eindrücke eines reizvollen Umfelds auf sich einwirken lassen.

Wie es dem Berggeist geziemt, zeigt er sich auch in dieser Stadt in verschiedener Gestalt. Er ist nicht nur in der von J. Kirschner 1892 geschaffenen Skulptur präsent, seine Gestalt schmückt auch das Markenzeichen der Trautenauer Brauerei, dessen Bier „Krakonoš", zu Deutsch Rübezahl, heißt. Wenn das dann, weil so köstlich, Glas um Glas durch die Kehle rinnt und der Alkohol schließlich beginnt, das Realitätsempfinden sanft zu umnebeln, ist es durchaus möglich, dass einer später schwört, dem Herrn des Riesengebirges leibhaftig begegnet zu sein.

Zweites Abenteuer vom Rübezahl
nach Carl Hauptmann

*Wie Rübezahl den hartherzigen
Grafen von der Bolzenburg in eine
Mücke verwandelt*

Es war auch ein Morgen im Frühling.
Wie zur Zeit, als die ausgedienten
Kürassiers sich ihr Mütchen kühlten.
Die Quertäler herauf hing die Blüte
über den niedrigen Obstbäumen. Und
dahinter versteckt lagen die winzigen
Hütten mit ihren schwarzen Querbal-
ken in weißem Grunde.
Der große Krieg lag schon in weiter
Ferne zurück. Rübezahl hatte als
Wasseramsel im Uferloche geschlafen,
als vor seinem Neste im schäumenden
Zackenwasser eine alte Forelle jach in
die Morgenluft platschte und ihn
gleich zum rechten Leben aufgeweckt.
Frühling! Man denkt: Frühling sei
jung wie ein Kind. Frühling ist so jung
wie ein Lied, das eben erst aus der
Blutwelle aufsteigt und Klang und Seele wird.
Aber Frühling ist auch nur wieder ein
himmlisches Kleid, das an einem ural-
ten Steindinge lebendig wird.
Also summte und sang jetzt auch der
uralte Berggeist sein Frühlingslied in
die Lüfte wie der schneehaarige Fie-
delmann die junge Liebe.
Rübezahl war als ein mit Apfelblüten-
hauchen reich getränkter Windstoß
sanft und linde die Schlucht immer
höher unter jung knospenden Buchen
hinaufgefahren, ließ sich von einem
liebesgeschwellten Auerhahn auf dem

obersten Fichtenwipfel durch ein buh-
lerisches, versunkenes Getöse erlusti-
gen und erschüttern. Schüttete im Vor-
überwehen einem jungen Baudenwei-
be Goldblätter in den Eimer, darin
sich der Morgen mit spielenden Sei-
denfarben fing.
Dann war er eine Weile hoch oben zu
einem Steinklotz erstarrt am Hange
stehen geblieben, die Seligkeit des neu-
en Frühlingslebens ganz in sich auszu-
kosten. Ließ sich nur still von der Sonne bescheinen. Und horchte ewig:
indessen das Aufbrechen der Knospen
an Staude und Strauch und in Gras
und Moose heimlich knisterte.
An diesem Tage hatten auch die Menschen unten im Tal Sonnenschein im
Blute und Lebensmut genug. Den Bauern trieb es vor sein Kuhgespann auf
die erwachenden Winterfelder.
Die junge Wirtstochter aus dem Dorf-
kretscham tänzelte mit feucht ange-
klatschtem Blondhaar mit zwei tüchti-
gen Holzkannen an den Wassertrog
und sah sich um, ob nicht wenigstens
die gackernden Hühner oder die Schar
Sperlinge auf der einsamen Straße
sähen, wie schön sie sich am Früh-
lingsmorgen tummelte.
Auch der weißhaarige, magere, gräfli-
che Herr auf der Bolzenburg räkelte
sich mit verkniffenen, prüfenden

Augen im Himmelbett in den Sonnenstrahl hinein. Sprang auf und hieß
schon jetzt einen seiner vielen Diener
sein Leibpferd satteln, was das Zeug
hielt.

Denn an einem solchen Frühlingsmor-
gen ist der junge Gott in aller Blute
gefahren und will hinausspringen.
Und weder die arme Kuhmagd noch
der sprödeste Monokelherr kann sich
in solchen Augenblicken halten, nicht
aus der Rolle zu fallen und heimlich
zu simmsen, wie eine glückliche, junge
Fliegenmutter.

So kam es also, dass der alte Edelmann, einer Derer von Bauchwitz
oder Strauchwitz, der im Talgrunde
weites Ackerland und Buschwerk und
auch diese reiche Burg besaß, sich eilig
in die höchste Turmstube begab, noch
gleich im schlohweißseidenen, wattier-
ten Morgenmantel überm seidenen
Hemde. Und dass er dort oben nur
ganz selbstvergessen lange ins Früh-
licht hinaus und fern auf die ganz in
Gold getauchte Koppe starrte.

Rübezahl hasste den Ritter.

Der alte Edelmann war als ein hoffärti-
ger, jähzorniger Herr bekannt, der die
Fronen seines Gesindes hart eintrieb
und Bürger und Bauern verachtete.
Rübezahl hasste ihn auch, weil er früh
und spät auf den Beinen mit der Büch-
se beständig hinter den grazilsten Reh-
böcken und den königlichsten, alten
Hirschen der Wälder herjagte, die er in
ganzen Rudeln zur Strecke brachte.
Er hatte ihm schon während des letzten Winters einen Schabernack angeta-
tan. Hatte die Stäbe des hohen Latten-
zaunes am Wildgarten nur so im
kühnsten Sturmflockenwirbel in die

Lüfte geführt und die eingegitterten
Waldtiere in alle Winde getrieben.
Jetzt war neu Frühling. Und der
gestrenge Edelherr stand im weißsei-
denen Morgenmantel bar und bloß in
der Turmstube, starrte nur die weit-
schwingende Linie des Gebirges an,
die wie ein fernes Schemen im blen-
denden Lichte lag. Und dachte: „Hinauf und hinan!“, die Welt einmal aus
der Höhe zu besehen, noch höher wie
seine Burg und sein Herz.

Und wie der stocksteife Rittersherr im
langen, grauen Spitzbart endlich in
seiner leichten Ritterrüstung und
Helmzier gestiefelt und gespornt auf
der besonnten Freitreppe stand, lachte
er zum ersten Male barsch hinaus,
weil er in dem Burghofe ein ganzes
Fähnlein bunter Reiterei in der Früh-
lingssonne seiner harren sah.

Ganz nur ausgefüllt von dem einen
brennenden Triebe, hoch oben auf
dem Riesenkamme mutterseelenallein
durch die Frühlingssonnenwelt zu rei-
ten, hatte er sich nur unversehens auf
den Goldfuchs mit heller Mähne
geschwungen. Hatte herrisch zurück-
gewinkt, dass die Schar Diener bliebe,
wo sie wollte. War in die mächtigen
Silberbügel gestemmt durch das Burg-
tor hinausgesprengt. Und war der
alten Gräfin, die mit einem Flieder-
busch im Goldhäubchen am offenen
Burgfenster zu winken versuchte, und
der pikierten, runzligen Kammerfrau,
die sich heimlich hinter eine Gardine
gedrängt, bald aus den Augen.

Aber den Goldhelm des Herrn, auch wie er jetzt in die Bergschlucht hineintritt, umspielten bedenkliche Mengen schwarzer Schlänglein, all die Hartherzigkeiten, die ihm vom Tale nachflogen.

Schon das dörflerische Frühleben hatte den weiberlaunischen Grafen gleich in leisen Verdruss gebracht. Der Dunggestank und das Hähnekrähen mit dem wüsten Gekläff frecher Dorfköter war seinem tänzelnden Goldfuchse ein paarmal so nahe gekommen, dass sogar das frohe Pferd unversehens hinter sich geschlagen.

Und weiter oben hatten sich die Mienen des alten Ritters von Bauchwitz in noch unbarmherzigere Falten gelegt, weil der in seine Arbeit vertiefte, plumpe, gebeugte Ackersmann, der am steinigen Dorfhange mit einem Kuhpfluge Furchen zog, seines grundherrlichen Erscheinens und Vorbeireitens gar nicht achtete.

Aber oben lag der Frühling. Lagen die freien Hochmoore voll Glanz und Blumen. Ragten die Felsgetürme. Die spitzige Veilchenkoppe war nahe. Der beblühte Hang dehnte sich hinab. In der Morgenferne schwammen die bläulichen Bergwellen, in Tinten ganz weich. Zogen still der Sonne entgegen, die als Goldscheibe im Himmel hing. Und ein Rieseln und Flüstern in den Kammgräsern. Eine leise Pfeifmelodie um die Steinblöcke. Sodass der verfinsterte Edelmann jetzt doch wohl oder übel die reine Sonnenluft eintrinken musste.

Der alte Graf hörte das hohe, helle, jubilierende Klingen, das in den Lüften über den Kammwiesen wogte. War von seinem Goldfuchse ins Gras niedergestiegen, hatte sich die steifen Glieder grollend ausgetreten und hatte jetzt auch dem Luftsänger im blauen Himmel eine Weile zugesehen und zugehört. Freilich konnte niemand wissen, dass Rübezahl als dieser Steinpieper in den Lüften hing. Und dass der heimlich zitterte, dem hartherzigen Rittersherrn gerade jetzt ein Schnippchen zu schlagen.

Der Steinpieper war längst wie ein Pfeil ins Krummholz niedergefahren. Er ragte schon als hell besonnter Wurzelstock dicht neben dem Edelherrn aus der Erde heraus, nur gewärtig, dass sich der sorgenbefreite Mann mit der Helmzier endlich auf ihm würde behaglich zum Ausruhen niederlassen. Aber da lag der blanke Rittersmann auch schon hinterrücks in der Moorlache drin.

Mitten in Moorzotteln. Ritterstab und weiße Handschuhe triefend schwarz. Und der Herr rief natürlich kläglich nach seinen Dienern. Indessen der Steinpieper schon wieder sein höhnisches Gezwitscher in den Lüften hören ließ.

Und rings nur einsames, weites, buntes, steiniges Sonnenland. In allen Fernen keine Menschenseele.

Ein kleiner Erdmolch hob in der Nähe sein schwarzgelbes Köpfchen in die Luft und witterte. Aber der konnte unmöglich des besudelten Ritters Diener sein.

Da hatte sich der Graf zum Aufstehen
aus der Pfütze und zu seiner Toilette
schließlich selber bequemen müssen.
Hatte sein Leibpferd persönlich heran-
geholt, gänzlich verbittert im Gemüte
und hart die Lage verfluchend. Und
hatte sehr spät den gespornten Stiefel
wieder in den mächtigen Steigbügel
hinaufgehoben.

Da bemerkte er plötzlich fern in den
Kammwiesen eine unglaubliche Lie-
besaffäre.

Er stellte den Fuß noch einmal auf die
Erde zurück. Und spannte gleich mit
hartherzigem Blick.

Es konnte gar kein Zweifel sein. Dort
hinten im Licht saß auf einer mor-
schen Holzbank, halb hinter einem
Krummholzbusche verborgen, ein
krummrückiger, klotziger Bauern-
knecht, der Gott in diesem Lenzlichte
mit Liebesgetändel den Tag abstahl.

Gar kein Zweifel, dass sich hier oben
vor des erlauchten Herrn Augen ein
junger Kuhknecht aus dem herrschaftlichen Gesinde … mit wem? … der
strenge Herr traute wahrhaftig jetzt
seinen Augen nicht … mit einem jungen Adelsgespons im silberseidigsten
Kleide Liebkosendes zu schaffen
machte.

Da saß der jähzornige Graf plötzlich
wieder fest auf seinem Goldfuchse
angeklammert. Da hatte er dem fro-
hen Tiere mit der hellen Mähne die

Sporen nur so in die Weichen gehauen.
Und schwang im jachsten Jagen gel-
lend und pfeifend die langrollende
Russenpeitsche, die er vor Aufregung
kaum hatte aus der Sattelbandage
lösen können. Ritt, als wenn er Rübezahls Isabelle selber unterm Leibe hätte, dröhnend über die Moorwiesen ins
Weite.

Schrie in den Lüften Befehle und Flü-
che.

Rübezahl erscheint
einer Mutter in Köh-
lergestalt. Holzstich
nach einer Zeich-
nung von Ludwig
Richter. Das 1842
entstandene Werk ist
Teil eines Bilder-
zyklus, den Richter
zur Illustration der
Rübezahllegenden
von Karl Musäus
angefertigt hatte.

Ritt und ritt.

Brüllte und fluchte im wildesten Hinrasen über des niedrigsten Knechtes frechste Frechheit.

War in seiner ritterherrlichen, blinden Wut gar nicht mehr zur Besinnung zu bringen, obwohl der plumpe Bauer mit seinem Adelsliebchen nur immer wie der Sturmwind vor ihm her in die Ferne zog.

Und der bügelgestemmte, blankgepanzerte Adelshochmut wäre bis an den Jüngsten Tag so in sinnlosem Wüten fortgeritten, wie der Mensch hinter dem Glücke her, wenn nicht Rübezahl selber die fliegende Luftjagd satt bekommen.

Bauer und Edelweib versanken plötzlich vor dem Grafen in ein Krummholzbuschwerk hinein.

Da dachte freilich der von Zorn und Schweiß rauchende Ritter die beiden erst richtig zu erjagen.

Er war im Fluge von seinem dampfenden Goldfuchse abgesprungen, Sumpflöcher und Blöcke und Knieholzäste wie ein langer, taumelnder Springer überstürzend, und wähnte sich endlich am Ziele. Zog die gewundene Knutenpeitsche hundertmal über den plumpen Rücken des verächtlichen Bauernklotzes und des ehrvergessenen Fräuleins her.

Hörte ihr greuliches Jammergeschrei. Hörte zwar auch schon ein tolles Juchheen dazwischen. Und stockte.

Schlug noch sinnloser, und stockte wieder, die Augen weiter und weiter aufreißend, als seine Armkraft doch schließlich zu Ende ging. Und musste nun erst erleben, dass nur zwei einsame, starre, graue Götzensteine vor ihm stumm und unschuldig in die Sonne ragten.

Da waren die Blicke des hoffärtigen Herrn scheu und erschöpft in sich hineingekrochen, und sein Gesicht war länger geworden wie so ein alter Granitklotz selber.

Vielleicht wäre da gar nicht mehr nötig gewesen, dass dem in seinen Grundfesten erschütterten Rittersherrn ein heulender Windstoß auch noch Bandelier und Helmzier samt der Knutenpeitsche vom Leibe gerissen und fortgetrieben.

Der alte Ritterherr von Bauchwitz soll an diesem Tage klein wie eine Mücke heimgekommen sein.

Nicht auf seinem Goldfuchse.

Den hat Rübezahl selber mit Geschrei wie ein richtiger Fuhrknecht über Stock und Stein zu Tale und in den Schlossstall getrieben.

Denn Rübezahl hatte den hochfahrenden Edelherrn doch in seiner Gutmütigkeit davor bewahren wollen, in der ganz demolierten und vernichteten Herrlichkeit durch das Schlosstor einzureiten.

Er hatte also den alten Grafen zunächst nur als Mücke auf einem Wasserstar festgehalten und ihn dann auf dem Zweige eines jungen Apfelbäumchens in den Bachwellen weiter zu Tale fahren lassen, ohne dass der Graf überhaupt dabei wusste, wer er war und wie das alles zuging.

Der hartherzige Edelmann war von diesem Frühlingsritt ganz wortkarg in seiner Burg wieder aufgetaucht. Er war aus seinen Gedanken seit der Zeit nicht mehr richtig aufzuwecken. Er war ganz kleinlaut geworden. Wenn er sprach, redete er ganz unverständliche Worte vor sich hin. Die Dienerschaft begriff niemals, was eigentlich passiert war.

Der Graf behauptete immer, dass er durchaus nicht mehr der Graf, sondern nur ein winziges Insekt wäre. Das hat er sich weder von seinem Leibarzt, noch von seinen liebsten Verwandten ausreden lassen.

Mit diesem Worte auf den Lippen ist er auch dann sanft entschlafen.

Aber Rübezahl soll doch auch einen Kranz aus goldenen Krummholzzweigen selber auf des alten Edelmanns Grab niedergelegt und mit unerhörter Bassstimme unter der Grabbegleitung mitgesungen haben.

Folgende Doppelseite: „Die Kochel stürzt sich über eine 47 Fuß hohe Felswand wie in einen Trichter hinab, steigt von da tosend als dichter Silberschaum empor, und nicht mächtig, ihr enges Gefängnis zu sprengen, arbeitet sie sich in ein breiteres, beschattetes Becken hinaus", schrieb der Dichter Carl Herlossohn über den Kochelfall bei Szklarska Poręba (Schreiberhau).

Sonnenaufgang

Carl Herlossohn (1804–1849)

Die Wiesenbaude ist die größte und besuchteste des Riesengebirges, neben der Spindlerbaude die einzig massiv erbaute und zugleich die beste Herberge der Wanderer auf den Riesenkamm und die Schneekoppe. 4331 Fuß hoch, ist sie die höchste menschliche Wohnung im nördlichen Deutschland. Am nördlichen Fuß des Brunnenbergs gelegen, ist sie das erste Haus an der eigentlichen Elbe, die aber hier noch das Weißwasser genannt wird und in dieser Baude, an der sie, ein schmales Bächlein (heute wegen des vielen Regens aber schon stattlicher auftretend), knapp vorbeifließt, schon den Menschen dienstbar wird, indem sie ein Butterfass in Bewegung setzt. Wir traten sehr erfroren und ermattet in das gastliche Haus. Wie überall in den Bauden war auch hier der gewaltige Kachelofen geheizt, was uns behaglich ansprach. Landleute aus Böhmen, Handwerksburschen, Bergwanderer, Führer überfüllten die geräumige Wirtsstube. Obgleich Wäschezeug um den Ofen hing und sehr viele Pfeifen dampften, was einen unangenehmen Dunst verbreitete, wurde uns doch bald wohl auf behaglichem Sitz an einem Extratisch in der Wärme, bei einer Labung von Forellen, Wein, Eierkuchen und Koppenkäse. Auch hier fehlte eine lustige Musik von Geigen, Klarinetten und einem Brummbass nicht. – Wir ruhten über eine Stunde; zwei hübsche, freundliche Mädchen, die uns bedienten, rieten uns, hier zu übernachten, weil es draußen gar so stürmisch sei. Wir schwankten schon; aber unser Führer gab gebieterisch den Ausschlag; er hoffte mit ziemlicher Gewissheit auf einen Aufgang, und dann, meinte er, sei es besser, schon oben zu sein, als um zwei Uhr aufzubrechen oder hier unten die bestimmte Stunde gar zu verschlafen. Wir gehorchten ihm und brachen auf, ohne diesmal „Rübezahls Garten" oder den Teufelsgrund gesehen zu haben. – Es ist von der Wiesenbaude auf den Gipfel der Schneekoppe eine Stunde Weges.

Draußen empfingen uns Regen, Wind, einzelne Schneeflocken; grau erschien der Bergriese vor uns und schien ganz nahe zu sein. Wir wanderten zuerst über den sumpfigen Grund, hinter diesem erhebt sich der Weg allmählich und führt über Steingeröll an einem schmalen Felsenriff hinauf zwischen Knieholz und dürftigem Moos. Noch wurde uns das Atmen nicht beschwerlich, sodass wir plaudern und unsere Zigarren rauchen konnten; immer aber steiler, knapper wird die Bahn an der schärferen Kante des Berges, treppenartig steigt sie empor, von Granitblöcken gebildet. Der Sturm kam uns entgegen; man bedurfte des Alpen-

Die Wiesenbaude (Luční bouda) ist die älteste Berghütte in der Kammregion des Riesengebirges. Sie bestand vermutlich schon gegen Ende des 16. Jahrhunderts als einfaches Holzhaus an dem alten Verkehrsweg zwischen Schlesien und Böhmen und betrieb mit ihren Weideflächen und Tieren vor allem die Almwirtschaft. Mit der Entwicklung des Bergtourismus wurde sie später einige Male umgebaut.

stocks, um sich festzustemmen; noch wandelten wir durch dürftiges Knieholz, bald schwand auch dieses. Der Nebel wurde immer dichter, wir folgten knapp einer dem anderen. Oft mussten wir rasten, um Atem zu holen; an einem Vorsprung, nur breit genug zum Ausweichen, kam uns eine Sänfte mit einer Dame entgegen, die es vorziehen mochte, statt oben, in der Wiesenbaude zu übernachten. Nahe über uns schien bereits die Kapelle zu liegen, aber wir waren erst am Kegel angelangt und die beschwerlichste Strecke lag noch vor uns. Unsere Ermüdung steigerte sich, der Wind warf uns Schneeflocken und Schloßen ins Gesicht, man konnte nicht zwei Schritte vor sich sehen. Mein Führer musste mich öfter unterstützen, mehrmals die Steinstufen hinaufziehen; der Kegel senkt sich in einer scharfen Kante fast senkrecht hinab. Das Unwetter tobte immer wilder, es war noch nicht acht Uhr (im Juli) und fast schon Nacht. Mir hatte der Schnee die Brille mit einer Eiskruste überzogen, sodass ich fast gar nichts zu sehen vermochte. Endlich, endlich – nach manch schwerem Seufzer, manchem Ruf von Ach! und Weh! war der Rand erklommen. Die Kapelle stand, ein kolossaler Steinklumpen, vor uns im nächtigen Nebel; wir waren auf der Schneekoppe.

Wir näherten uns dem Eingang, hier aber erfasste uns der Sturm und warf uns insgesamt gegen die Tür, dass diese aufsprang. Fast bewusstlos traten wir ins Innere; die Kerzen leuchteten matt; mehrere Grüße schollen uns entgegen; doch erst nach einigen Minuten hatten wir uns gefasst und nachdem wir die geblendeten Augen an den Lichtstrahl gewöhnt hatten, konnten wir uns orientieren.

Blick auf die Hochfläche der Weißen Wiese (Bílá louka) und des Koppenplan (Równia pod Śnieżką) mit der Schneekoppe. Links im Bild sieht man die Wiesenbaude (Luční bouda). Das heute bestehende Berghotel wurde 1941/42 errichtet, nachdem tschechische Soldaten den Vorgängerbau 1938 im Zusammenhang mit der Annexion des Sudetenlandes niedergebrannt hatten.

Eine Gesellschaft saß am Tisch, fünf Herren aus verschiedenen Ländern, darunter auch ein Engländer. Niemand hatte in dem Unwetter noch so spät Koppengäste erwartet. Wir erwiderten die Grüße, entledigten uns der nassen Kleider und des geborstenen Schuhwerks und nahmen Platz an der Tafel. Der Engländer hatte eine große Terrine mit Weinsuppe vor sich. Ohne erst anzufragen, mit richtigem Takt erkennend, was uns Not tat, präsentierte er jedem einen Teller davon; und wenn das Gebräu gleich aus Grüneberger Elementen war – es mundete uns doch köstlich! Wir mussten nun von der Richtung und der Reise erzählen und befanden uns bald, erquickt, durchwärmt im geheizten Raum, im heitersten, lebhaftesten Gespräch. Der Wirt hatte Schinken, Würste, Brot und Käse, dazu einige Flaschen geringen Rotweins aufgetischt; alles schmeckte trefflich.

Dann wurde das Koppenbuch gemustert, das, wie die meisten Bücher dieser Art, neben Worten der Erhebung Dummheiten, schlechte Späße und Drôlerien enthält. Ich will nur eine Inschrift von vielen erwähnen. Hier hat sich ein gewisser N.N. aus Breslau als „Mitglied der Schneiderkunst" eingeschrieben. Daneben zeichnete nun ein Spaßvogel einen Ziegenbock mit der Unterschrift: „Meck! Meck!" Die Frage drehte sich nun darum: Werden wir einen Sonnenaufgang haben oder nicht? Die Führer sowie der Wirt, der die Kapelle seit vielen Jahren allsommerlich bewohnte, gaben Hoffnung für einen Aufgang. Sie meinten, das Wetter werde während der Nacht sich austoben und die

Sonne den Nebel bewältigen; denn nirgends wie hier wechseln Sonnenschein und Unwetter so rasch. – Wir wurden deshalb ermahnt, zu Bett zu gehen, und so klommen wir denn zehn Mann hoch eine steile Leiter empor auf die Galerie der Kapelle, wo sonst eine Orgel gestanden haben mochte. Hier lagen Strohsäcke, härene Kissen und wollene Decken. Zwar war der Raum etwas kurz und die Füße gerieten außerhalb des Staketes, das die Brüstung der Galerie bildete, auch war es oben an dem Fenster bedeutend kühler als unten; aber der Schlaf legte sich bald auf unsere ermatteten Glieder. Draußen raste der Sturm, als wollte er jeden Augenblick das morsche Gebäude über den Haufen werfen, doch erweckte er uns nur momentan und wir entschlummerten bald wieder.

Früh um halb vier Uhr wurden wir geweckt und krochen die Leiter hinab in den erwärmten Raum, um uns anzukleiden. „Die Sonne!", schrie eine Stimme draußen – ein Blitz flog durch die matten Fenster. Wir sprangen in Hemd und Strümpfen hinaus – ein gelber, feuriger Schein im Osten, ein Nu, und drüber flog das Nebelmeer! Der Wind pfiff eisig und erstarrte im Moment unsere Glieder. Wir eilten zurück – wo unser der Kaffee bereits harrte (es war der beste, den wir im Gebirge getrunken haben); noch zweimal wurden wir aufgescheucht und zweimal mystifiziert. Hin und her wogten die Nebelmassen, nur manchmal goldig durchblitzt, wie Märzschnee angeflimmert; aber immer wieder wurde die weiße Hülle dicht: keine Fernsicht, kein imposantes Panorama, kein prachtvolles Schauspiel.

Eine Nacht auf der Koppe

Theodor Fontane (1819–1898)

Theodor Fontane mit Tochter Martha vor seinem Urlaubsdomizil in Arnsdorf, dem heutigen Miłków. Foto von 1886. Der märkische Dichter hatte sich in den Jahren zwischen 1868 und 1892 regelmäßig im Riesengebirge aufgehalten.

Koppenwirt Pohl war krank.

Es passte schlecht, denn es war Hochsommer und jede Stunde brachte neue Besucher, die bis Mitternacht tanzen und singen und nach dreistündigem Schlaf in einem engen Bett und stickiger Stube den Sonnenaufgang sehen wollten. Im Vorflur, auf Schemeln und Treppen, saßen Dutzende von Krummhübler Sesselträgern, die von früh an teils ermüdete, teils steigensunlustige Herren und Damen den Kegel hinaufgetragen hatten, und selbst drüben in dem kleinen, schon auf böhmischer Seite gelegenen Nachbar-Koppenhause begann es an Unterkunft zu fehlen. Überfüllung allerorten, und ehe noch die sechste Stunde heran war, musste schon die Fahne herausgestreckt werden, die etwaigem neuen Zuzuge zu verkünden hatte: „Kein Platz mehr; alles besetzt!"

Im Saale drinnen war Lärmen und Lachen, und an einem langen, ganz in der Nähe dreier Harfenistinnen aufgestellten Tische saßen Schüler aus Breslau, mit allerhand Verbindungzeichen angetan und in ihrem ganzen Tun sichtlich beflissen, sich auf den Studenten hin auszuspielen; ihre Deckel klappten in einem fort, immer neue Seidel wurden herangetragen, und während einer, eine Art „Senior", ziemlich weltmüde dreinschaute, schob sich ein Ganzjugendlicher immer näher an eine der Harfenistinnen, die seine Mutter sein konnte, heran und hatte dabei den Mut, ihr seine Huldigungen zuzuflüstern. Sie verstand ihn auch, was sich darin zeigte, dass sie die gewagtesten Stellen immer mit einem Fortissimo begleitete, worin dann, ungehört von den anderen, die jugendlichen Kühnheiten verklangen. Einige der diesem Schülertreiben zusehenden Gäste tuschelten darüber, was die „Herren Studiosi", die sich dadurch geniert fühlen mochten, schließlich veranlasste, den Tisch, an dem sie saßen, ins Freie zu schaffen. Es war eine von ihnen gut gewählte Stelle, denn nicht nur, dass die vom Dach herabhängende Fahne lustig über ihnen flatterte, neben ihnen stand auch ein großes, für das wissensdurstigere Reisepublikum aufgestellte Fernrohr, dessen Besitzer zu besserer Orientierung der unablässig Neuherantretenden ebenso unablässig den landschaftlichen Erklärer machte.

„Die helle Linie, die Sie da sehen, das ist Erdmannsdorf, und das Schweizerhaus daneben, das ist Sieckes Hotel, wo man die guten Forellen und das gute Pilsener kriegt, und die weiße Steinmauer dicht dahinter (aber es sind noch fast zwei Stunden), das ist der Hirschberger Kirchhof." All das richtete sich selbstverständlich an das große Publikum; aber auch die daneben sitzenden jungen Herren vernahmen, sie mochten wollen oder nicht, jeden Namen und jede Ortsbezeichnung, und als der Ganzjugendliche, der eben noch der Harfenistin den

Nachdem Anfang des 19. Jahrhunderts die Koppenkapelle ihre religiöse Bedeutung verloren hatte, wurde sie zu einer Wirtsstube umfunktioniert, in der eine begrenzte Anzahl von Gästen auch übernachten konnte. Über eine steile Leiter gelangte man auf die Empore der Kapelle, wo behelfsmäßige Schlaflager eingerichtet waren. Lithografie um 1830 (Künstler unbekannt)

Hof gemacht hatte, das Wort „Kirchhof" hörte, zog er, sentimental werdend, sein Gesicht in feierliche Falten und begann dabei vor sich hin zu summen: „Es ist bestimmt in Gottes Rat." Es waren im ersten Augenblick nur halblaute Versuchsklänge, bis seine Kommilitonen, denen solcher Stimmungswechsel ebenfalls passen mochte, mit ihren angehenden Bierstimmen einfielen.

Elegisch klang es über den Vorplatz hin und auch zu Pohl hinauf. Der lag sterbenskrank auf seinem Bett und einer von der Familie, der wohl sah, wie schwer er litt, sagte, während er sich niederbeugte: „Sollen wir runterschicken und bitten lassen, dass sie nicht weitersingen?"

Aber Pohl schüttelte den Kopf und sprach etwas, was nur der Nächststehende hören konnte. „Was sagt Vater?", fragten die anderen. „Er sagt, es ginge nicht, das könnten wir der Koppe nicht antun; die Leute, die auf die Koppe kämen, die wollten lustig sein, aber nicht traurig." – Und so ließ man's denn, weil jeder fühlte, dass der Sterbende recht habe.

So war es oben, wo der Kranke lag. Unten im Saal aber lärmte die Musik weiter. An jedem Tisch (denn es war kühl geworden) dampfte der Grog und der Küchengeruch zog durch Flur und Haus. Um acht stieg die Dämme-

Die Schneekoppe auf einer Postkarte von 1898. Zu dieser Zeit war die Besteigung des Gipfels schon ein beliebtes Freizeitvergnügen. In der zweiten Hälfte des 19. Jahrhunderts schätzte man die Zahl der Koppenbesucher bereits auf 50 000.

rung herauf und um zehn war Pohl tot.

Er war still gestorben. Aber damit war es nicht getan. So still der Kranke gestorben, so still auch musste der Tote zu Tal; er durfte, nach seinem eigenen Wort und Willen, die Lust seiner Gäste nicht stören, das verlangte die Koppe so. Man sprach also mit den Trägern, die nach wie vor draußen auf Flur und Treppenstufen umhersaßen, und fand sie, soweit sie noch freie Hand und Verfügung über ihre Zeit hatten, auch sofort willig und bereit, ihren Koppenwirt, dem die meisten von ihnen zu Dank verpflichtet waren, in aller Stille zu Tal zu schaffen. Eine Bahre war schnell zur Hand; darauf legten sie den Toten und überdeckten ihn mit so viel grünem Gezweig, wie da oben in der Steinöde

zu beschaffen war. Und nun setzten sie sich lautlos in Marsch, vier, die die Bahre trugen, und vier Fackelträger daneben. Aber ihre Fackeln brannten noch nicht und sollten erst angezündet werden, wenn sie den kahlen Koppenkegel hinunter und in den lichten Wald am Fuße desselben eingetreten wären. Unbemerkt ging der Zug an den Fenstern des Koppenhauses vorüber.

Inzwischen aber war Mitternacht herangekommen und ein älterer Herr, der während der letzten Minuten nicht müde geworden war, seine Taschenuhr mit der Saaluhr zu vergleichen, stieg

im Augenblicke, wo diese zwölf geschlagen, auf einen hochlehnigen Stuhl
und sagte: „Meine Herren und Damen!
Eine Rede will ich nich halten …"
„Nein, nein."
„Eine Rede will ich nich halten. Aber
wenn es den verehrten Herrschaften
recht ist, so machen wir eine Wander-
polonaise."
„Ja, ja."
Die Harfenistinnen, wie verabredet,
schlugen bei diesen Worten mächtiger
in die Saiten und der wohlbeleibte
Herr, von seinem Stuhle vorsichtig
herabsteigend, eröffnete den Zug voll
gravitätischen Humors, nachdem er
zuvor seiner neben ihm stehenden
Frau den Arm gereicht hatte. Diese
trug einen etwas verschobenen
schwarzen Scheitel, war auch älter als
ihr Gatte, glich diese Mankos aber
durch Temperament und eine bemer-
kenswerte Fidelität wieder aus, die
sich unter anderem auch darin zeigte,
dass sie eine über ihre Brust ausge-
spannte schwere Goldkette nach dem
Takte der Musik beständig hin- und
herzog. Ihre seit wenigen Wochen erst
mit einem Angestellten des Hauses
verlobte Tochter folgte mit diesem
ihrem Zukünftigen als zweites Paar.
„Mutter ist heute wieder so merkwür-
dig", sagte der Bräutigam.
„Ach, lass ihr doch", antwortete das
Fräulein.
Und während das Gespräch im gleichen Tone sich fortsetzte, ging die
zunächst im Hause selbst jeden Winkel und jede Ecke mitnehmende Polonaise nach der böhmischen Koppen-
baude hinüber, wo der Führer des

Zuges ein dreimaliges Hoch auf Kaiser
Wilhelm ausbrachte.
„Das ist, was ich Einverleibung nen-
ne", flüsterte er seiner Frau zu.
„Rede nicht so", verwies ihn diese.
Schließlich aber war man wieder dies-
seitig in Haus und Saal zurückgekehrt,
wo sich jetzt, an alter Stelle, jeder ein-
zelne vor seiner Dame verneigte. Der
Bräutigam aber sagte: „Nun komm,
Hulda, wir wollen uns draußen die
Sterne ansehen."
„Ach was, die Sterne …"
Trotzdem gab sie nach und als sie seinen Arm genommen und draußen ein
beliebiges Sternbild für den Großen
Bären erklärt hatten, traten beide an
ein einen Vorsprung einfassendes
Schutzgeländer, von dem aus man bei
Tagesschein einen wundervollen Fern-
blick hatte. Jetzt freilich lag alles nur
in nächtlichem Schleier und erst als
beider Augen, nach langem Suchen
unten im Tale, wieder an den Fuß des
Koppenkegels zurücklenkten, sahen
sie genau da, wo die dunklen Wald-
massen ihren Anfang nahmen, ein
plötzliches Aufleuchten. Und dann
schwand es wieder und dann war es
wieder da.
„Was ist das?", sagte die Braut.
„Das sind Glühwürmer."
„Ach, bist du dumm, Glühwürmchen
sind wie Streichhölzchen und was wir
da vor uns haben, ist ein Fackelzug.

Winterlicher Blick von den Mädelsteinen (Dívčí kameny) in Richtung der Schneekoppe. Wie ein stiller epischer Fluss fallen die Bergkämme mit ihren unmerklichen Gipfeln in sanften Schwüngen ab, um sogleich wieder in andere Höhen aufzusteigen. Rechts unten im Bild sieht man die tschechische Spindlerbaude (Špindlerova bouda) und etwas entfernt von ihr das polnische Berghotel Schronisko Odrodzenie.

Ich habe den bei Moltke gesehen ... Und nun komm wieder hinein; mich friert hier und ich bin fürs Mollige. Und drin will ich dann die Schließerin fragen, was es eigentlich gewesen." Und sie fragte drin auch wirklich. „Wir haben da Lichter gesehen. Sind es Fackeln?"

„Ja", sagte die Schließerin, „es sind Fackeln; sie tragen einen alten Herren nach Hirschberg hinunter. Er muss früh weg und will den Zug nicht versäumen."

„Ja, manche sind so ängstlich", sagte die Braut. Und damit traten sie wieder in den Saal, in dem es inzwischen erheblich leerer geworden war, weil sich einige, wenn auch nur zu kurzem Schlaf, in ihre Stuben und Kammern zurückgezogen hatten.

„Ich denke, wir gehen nun auch", sagte die Mutter, die mit der wachsenden Müdigkeit ihre Mutterwürde zurückgewonnen hatte.

„Nein, Mutter", sagte Hulda. „Ich mache durch. Orntlich oder gar nich."

„Gott, du redst immer, als wenn du zu Hause wärest ... Und was soll bloß Hugo davon denken!" – „Ach, der."

Die Nacht verging; und just um die Stunde, wo die Koppengäste, teils verschlafen, teils überwacht, ins Freie traten, um den Sonnenaufgang Revue passieren zu lassen, trafen die Träger unten in Hirschberg in der ebenso

geräumigen wie gefälligen Stadtwohnung des Koppenwirts ein. Da stand Pohl bis zum dritten Tag und dann gab man ihm ein feierliches Begräbnis. Aber nichts davon drang bis auf die Koppe hinauf, nicht einmal der tiefe Klang der Glocken.

In dem Leben oben aber ging alles seinen gewohnten Gang und blieb auch so bis diesen Tag. Wie vordem, wenn alles besetzt ist, wird die Fahne herausgestreckt, um etwaigem neuem Zustrom ein Halt zuzurufen, und wie vordem treten gruppenweise die Wissbegierigen ans Fernrohr heran und horchen auf die Worte dessen, der den landschaftlichen Erklärer macht. Und wenn das Glas (und nur darin hat sich ein Wechsel vollzogen) auf seinem Zirkelweg an die Stelle kommt, wo der Hirschberger Kirchhof aufragt, so heißt es, in ganz geringer

Abänderung des alten Textes: „... und das weiße Kreuz da, was die anderen überragt, das ist Pohls Kreuz."

„Wer ist Pohl?", fragt dann der eine oder andere.

„Pohl war Koppenwirt hier oben und nun liegt er da unten."

„So, so", sagt dann der, der die Frage gestellt. Und wenn er längere Zeit bleibt und sich oben anfreundet, so hört er vielleicht auch von der Nacht, in der Pohl, der Koppenwirt, verstarb. Warum auch nicht! Es stört niemanden mehr. Nichts mehr von Wand an Wand, ... und alles weitab.

Spindlerbaude

Traud Gravenhorst (1892–1968)

Ja, das waren noch andere Zeiten im Riesengebirge, als wir Kinder waren! Da war nur eine einzige große, unerschöpfliche Einsamkeit, wie steile Wiesenpläne und ein geheimnisvoller, schwarzer, wunderbarer Wald! In den Falten der Berge – sorgfältig eingerückt vor Sturm und Lawinen – hockten die kleinen Viehbauden, drei, vier, fünf beieinander. Grau und verwittert wie Pilzfamilien sahen sie aus, und uns Kindern schien es, als wären sie aus der Erde gewachsen wie die dahinterstehenden, leise schwingenden Fichtenstämme. Ja, so erdfarben und unscheinbar waren diese Hütten, dass man sie von Weitem gar nicht als Wohnhäuser erkannt hätte, wären nicht ab und zu hellgrün scharf umgrenzte Vierecke in ihrer Nähe gewesen, die anzeigten, dass hier planmäßige Wiesenwirtschaft getrieben wurde.

Aber es gab auch Bauden, die das Futter stehen ließen, und wo das Vieh sich selbst verschaffte, was es zum Leben brauchte. Das waren meist die hoch gelegenen Kammbauden, wo das Gras hart und spärlich wuchs und so moosdurchsetzt war, dass es sich nicht mehr verlohnte, Heu zu machen.

Eine solche Baude war auch die uralte, wettererprobte Spindlerbaude auf dem breiten, verkehrswichtigen Pass, die wir Kinder sehr liebten. Sie war wie alle Häuser im Gebirge aus gewaltigen, unzerstörbaren Fichtenstämmen zusammengesetzt und obendrein gegen Sturm und Schnee eindringlichst mit Holz verschalt. Vielleicht war sie ein bisschen größer und stattlicher als die anderen Bauden, besonders als die um sie verstreut liegenden übrigen Spindlerbauden; so habe ich sie wenigstens in Erinnerung. Die Hollmanns, hieß es immer, wären reiche Leute, hätten nicht einen Heller Schulden und bezahlten ihre Steuern fast pünktlich. Kein Wunder, dass die früh verwaiste einzige Erbin als reiches Mädchen galt, hüben wie drüben. Hüben war Preußen und drüben das alte, von uns sehr ins Herz geschlossene kaiserliche Österreich.

Gottlob, jetzt war sie schon zu sehen mit ihren vielen gleichmäßigen Fenstern, ihrem abfallenden Dach, gewaltig groß gegen den weißblauen Himmel, und die kleinen fünf- und sechsjährigen Beinchen mühten sich, die letzten hundert Meter des schier endlosen Weges vom Tal herauf neu beschwingt zu erklettern. Aber da gab es ganz unerwartet einen Puff, dass man glaubte, umfallen zu müssen. Der Wald war zu Ende, wilder Sturm tobte pfeifend über den Kamm. Hilfe suchend griffen die kleinen Hände nach denen der Großen. Jetzt war es nicht mehr möglich, auch nur das kleinste Gänseblümchen zu pflücken, und an den schön gefiederten Köpfen des Teufelsbartes war man gezwungen, nur aus den äußersten Augenwinkeln schielend, vorüberzugehen. Trotzdem stolperten die kleinen Beine natürlich über die vielen spitzen Steine

Im Schutz der Kleinen Sturmhaube (Malý Šíšák) liegt auf einem kleinen Passplateau in 1198 Meter Höhe die Spindlerbaude (Špindlerova bouda). Sie wurde nach Franz Spindler, dem Ortsrichter von Friedrichstal, benannt, der 1824 an dieser Stelle eine Hütte errichten ließ. Die heute bestehende Baude ist ein modernes Berghotel, das aus einer Reihe von Neu- und Umbauten in der Vergangenheit hervorgegangen ist.

da oben und: „Pass doch auf den Weg auf", hieß es dann. Das Kindermädchen Emilie hatte nicht gerade ein biegsames Handgelenk.

Atemlos, mit hochroten Backen und zerzausten Haaren wurde man endlich durch die nur mühsam offen zu haltende Eingangstür in die Baude geschoben.

Da war zunächst ein hölzerner Vorraum, auf der einen Seite verglast, ich weiß nicht mehr, wie die Leute ihn nannten, und dann kam man in den mit großen Steinen ausgelegten halbdunklen Flur, in dem es erst schwer war, sich zurechtzufinden.

Hier war lautes, geschäftiges Treiben: gewaltig knallten die eisenbeschlagenen Stiefel der Männer aufs Pflaster,

schwirrten die rauen Stimmen der Träger durcheinander, war der Lärm aus Küchen und Ställen zu hören. Und hier roch es auch endlich warm und köstlich, wie wir Kinder es nannten, nach Baude.

Es ist nicht zu sagen, was das für ein Geruch war. Wahrscheinlich setzte er sich aus dem Duft des Holzes und dem Geruch von Pferden und Kühen, von Pfeifentabak und Bergkräutern zusammen. Aber es können wohl noch hundert andere Ingredienzien dabei gewesen sein.

Im Vorraum stellten die Männer ihre Traglasten ab. Manchmal hatten sie das Gepäck von Bergsteigern darauf, die am selben Tage noch bis zur Schneegrubenbaude wandern wollten oder gar über die Koppe bis zum Riesengrund; aber meistens trugen ihre Kraxen Kisten mit Käse und Butter oder Waren, die sie in den Tälern geholt hatten und übers Gebirge in entfernt liegende Bauden oder auch in das Nachbarland befördern wollten, von hüben und von drüben. Sie setzten sich dann auf die Bänke an der Wand, einen Holztisch vor sich, und löffelten langsam und bedächtig einen großen, irdenen Topf Kaffee mit Milch aus, in den sie ihre mitgebrachten dicken Brotkanten einbrockten. Die Kinder staunten, dass die lange, dunkle Tabakspfeife dabei nicht aus dem Munde fiel, sondern im Gegenteil sehr friedlich und munter weiterqualmte. (Sie hing ganz fest und sicher in einer der unteren Zahnlücken.)

Auch war es sehr zu verwundern, was diese dunklen, holprigen Gebirge von Männergesichtern für himmelblaue, kleine Augenseen hatten. Damit lächelten sie den Kindern freundlich zu, wenn sie vorsichtig mit neugierigen Blicken an ihnen vorübergingen. Die Gaststube – die Baudenleute nannten sie noch immer die Spinnstube – war ein großer viereckiger Raum mit vielen Tischen und Stühlen und einer rings um die Wände verlaufenden Bank. Das Auffallendste darin – gleich, wenn man hereinkam, sah man es – waren die beiden in Gold gerahmten Bilder vom Kaiser und der Kaise-

rin von Österreich. Die hingen dicht unter der dunklen Balkendecke, etwas schräg, damit sie besser zu sehen waren.

Der Kaiser hatte einen großen Bart. Die Kinder liebten Bärte nicht. (Es war scheußlich, Männern mit Bärten einen Kuss geben zu müssen.) Aber die Kaiserin war schön, ja rätselhaft schön, mit dem unwahrscheinlich langen blauschwarzen Haar über dem Rücken und der schweren Zopfkrone auf der Stirn, dass man darüber fast den großen, hölzernen Rübezahl vergessen hätte, der auf dem Wandbrett in der Zimmerecke nach Bewunderung verlangte.

Franziska Hollmann kam sofort mit ihren blanken, roten Backen und dem braunen, krausen Haar und gab den Kindern die Hand, einem nach dem andern. Sie kannte sie alle ganz genau und nannte sie mit Namen, und das gab ihnen ein Gefühl, als wären sie von Olims Zeiten her mit ihr verwandt. Dann ging Franziska lachend und plaudernd zum Herd zurück und briet über dem offenen, gewaltig roten Feuer die herrlichsten, knusprigsten, goldgelben Eierkuchen, die man sich nur denken konnte. Dazu gab es Himbeersaft, duftenden Gebirgshimbeersaft für die Kinder und Brot und kleine runde Käse für die Großen.

Nach dem Essen sollten die Kinder ein wenig ausruhen; denn sie waren ja fast drei Stunden tüchtig geklettert. Das schmale, weißgekalkte Zimmerchen neben dem Boden roch nach Heu, und die mächtigen, ein bisschen feuchten Ober- und Unterbetten waren auch ungewohnt und interessant. Aber draußen auf der großen Wiese meckerten die Ziegen, und durch das kleine Fenster am Kopfende der Betten war deutlich zu sehen, wie ein Schwein mit einer Wurzelbürste bearbeitet wurde und fürchterlich dabei schrie. Und vom Walde herüber kam jetzt die rotbunte, zahlreiche Viehherde der Baude gezogen und bimmelte so verführerisch mit ihren großen, bronzenen Glocken. Wer hätte da schlafen können?

Alle Müdigkeit war vergessen, die kleinen Beinchen taten gar nicht mehr weh. Mit einem Ruck waren die Kleider wieder übergestreift, und nun kam das Schönste vom Tage: Der Wind hatte sich gelegt, die Kinder durften mit all dem Getier auf dem Baudenplan herumspielen.

Was die Kühe für eigenartige blonde Wimpern hatten, und wie schnell die Ziegen beim Fressen ihren schmalen Unterkiefer hin- und herschoben! Und was war das für ein wunderbarer Geruch, wenn man sich ins Gras fallen ließ und mitten in lauter kleinen, lila Blütenköpfen liegen blieb!

Würde man das Summen der dicken, samtenen Hummeln jemals wieder vergessen können?

Nein, dass es Menschen gab, die freiwillig in der Stadt blieben! Und wie der Wind jetzt brauste in dem großen, schwarzen Wald da drüben hinter der letzten Spindlerbaude!

Die Berge ringsum waren plötzlich ganz blau geworden, richtig veilchenblau und sahen so unwirklich durchsichtig aus, als wären sie gar nicht aus Erde gemacht. Die Kinder mussten mit Spielen innehalten. Eins von ihnen hatte das weiße Ziegenböcklein mit den schwarzen Füßen fest an sich gedrückt und kauerte mit weit offenen Augen still und verzückt in dem hohen Heidelbeerkraut. Schauer flogen über die kleinen Seelen. –

Aber da war inzwischen der Schwarze eingetroffen, der Schreier-Franzel, und das gab natürlich einen Aufruhr unter den Kindern.

Man wusste ja, dass man sich nicht vor ihm zu fürchten brauchte. Wenn er sich auch nicht wusch, so rieb er sich doch mit den verschiedensten Salben ein, und das sollte ebenso gut sein und sauber halten wie Wasser. Wie oft hatten die Kinder dies sagen hören. Auch dass er keiner Fliege etwas zuleide tat, war weit und breit bekannt.

Aber es war dann doch, lieber Gott, im ersten Augenblick ein rechter Entschluss, ihm die Hand zu geben und sie nicht hinterher wenigstens am Kleide abwischen zu dürfen – denn das hätte er doch gemerkt – und auch freundlich zu lachen, ohne dass die Mundwinkel zuckten.

Die Kinder gewöhnten sich ja dann immer wieder sehr schnell an die unheimlich schief stehenden kohlschwarzen Vogelaugen, an das kleine, runzlige Tatarengesicht mit den vielen struppigen, dunklen Haaren. Ja, die Kinder wurden allmählich übermütig im Genusse ihrer eigenen Tapferkeit und baten den Schreier-Franzel, Geschichten zu erzählen.

Wer der Schreier-Franzel war, hatten die Kinder längst von Franziska gehört. Vor vielen, vielen endlos langen Jahren hatten Baudenleute ihn als schreiendes kleines Bündel, nicht weit von der Spindlerbaude, gefunden, so hatte Franziska erzählt. Die Hollmanns hatten dafür gesorgt, dass der Zigeunerfindling getauft wurde, und da man keinen anderen Namen wusste, hatte man ihn Schreier genannt.

Den Namen Franz hatte er dann noch dazu bekommen, weil fast alle Männer dort oben Franz hießen, wenigstens gut die Hälfte, die andere Hälfte hieß Joseph oder Johann. Wie hätte man auch besser heißen können?

In die Schule hatte der Franzel nicht zu gehen brauchen. Er hätte weit laufen müssen, damals, wohl gar bis nach Spindelmühle hinunter.

So wuchs er mit dem Vieh auf, lernte Holz hacken und Hörnerschlitten bauen, und später ging er mit Lasten übers Gebirge. Alle Butter, die auf den Spindlerbauden gemacht wurde, trug er bis nach Warmbrunn oder Hirschberg. Das waren täglich viele Stunden Wegs.

Aber sah er nicht doch fremd und unheimlich aus, wie er dort auf der Bank vor dem großen Kaffeetopf hockte und erzählte? Über den schönsten Geschichten von Zwergen und guten Feen wurden die Kinder die Angst, er könnte sich plötzlich entsetzlich verwandeln, nie ganz los. Seine schönste Geschichte war die von der geizigen Gutsfrau und dem armen Pilzweiblein, das gar kein Pilzweiblein war, sondern eine schöne Fee, die nur gekommen war, um das Herz der Gutsfrau auf die Probe zu stellen. Damit kam man dann leider nie zu Ende. Die Kinder wurden geholt, es war höchste Zeit, sich zum Abmarsch fertig zu machen. Sie gaben dem Schwarzen die Hand und machten einen Knicks, und erst als sie schon ziemlich weit weg waren von der Baude, und der Schwarze vor der Tür stand und ihnen nachwinkte, drehten sie sich noch einmal um und riefen: „Komm uns bald besuchen, Franzel!" –

Und dann waren da die Täler, lieblich und besonnt, voll grünenden Getreides, durchplätschert von dem kristallklaren Wasser der Gebirgsbäche, mit weiten Wiesen voll Glockenblumen und Zittergras und großen Sternmargeriten.

Das war wieder eine ganz andere Welt, und für die kleinen empfindsamen Gemüter geeigneter als die unerklärliche, geheimnisvolle Urweltstimmung der Hochmoore oder die grimmig faltigen Profile der grauen

Granitberge, deren Herkunft so alt war, wie die Kinder gar nicht denken konnten.

Morgens beim Aufwachen hörten sie als Erstes das Rauschen des Bergbaches, und gleich sahen sie in Gedanken die vielen himmelblauen Vergissmeinnichtchen, die immer da standen, wo ein Sonnenstrahl durch die dichten Wipfel der Tannen fiel.

Die Stube war ganz hellgrün, so sehr schien draußen die Sonne durch das Laub, und es gab so vieles zu freuen, dass man an die Spindlerbaude und den Schwarzen gar nicht mehr recht denken konnte. Sicherlich würden heute die Heckenrosen drüben am Waldrand aufgeblüht sein, und bei der Wassermühle durfte man Holzstückchen schwimmen lassen, und selbst wenn man dabei ins Wasser fiel, war es kein Unglück; denn das Wasser war nicht sehr tief.

Die Lehrersfrau würde den Kindern wieder Blumen aus ihrem kleinen Garten schenken, vielleicht Stiefmütterchen oder sogar Pfingstrosen, und wenn sie Glück hatten, trafen sie den Jäger am Nachmittag, und der nahm sie mit in den Wald und führte sie zu einer einsamen Bergwiese, wo sich sonst kein Mensch hintraute. Und dort würde es funkeln von reifen, roten Walderdbeeren. –

So würde auch dieser Tag wieder schön sein bis zum letzten Sonnenstrahl.

Kam dann das große Schweigen der Berge auch über das kleine Dorf, wurden die Kinder zu Bett gebracht und nur eins oder das andere guckte noch einmal schnell durch den weißen Vorhang vor dem Fenster, hinauf zum Kamm, ob auf der Schneekoppe vielleicht ein einsames Lichtchen brannte – oder war es etwa ein Stern, was da oben so zwinkerte?

Ja, das waren noch andere Zeiten im Riesengebirge, als wir Kinder waren.

Koppenbesteigung
Friedrich Bischoff (1896–1976)

Den Tag über waren riesige Wettertürme über den Hochmooren und Knieholzkämmen hochgefahren. Der Wind war ruhelos gegen sie angerannt und hatte ihre Söller und funkelnden Mauerkränze immer wieder zerspellt und zerfasert. Ein schwefliger Schein floss von ihnen ab, in die schlesischen und böhmischen Täler hinein, die zitternd vor Hitze und blauverschattet sich an die kühleren Waldrücken duckten. Schwül war der Wind und trocken, er roch nach Harz und der Blüte des Roggens, und es sah aus, als schüttelten sich die Berge, gegen deren zottige Brust er ansprang.

Als er gegen den Nachmittag zu in die Kessel der Waldgründe hinunterfuhr, stieg es schillernd und dunstend aus den Moorlachen, ein brandig schwelender Brodem kienig heißer Sommerluft, in dem alle Dinge sich aufzulösen schienen. Nur wie ein lustmattes Kichern sirrte der Vogelruf des Steinpiepers über die Hänge, und die Baude drüben vor der steinigen Flanke des Hochwiesenberges verging flimmernd in dem schmelzenden Licht.

Kein Mensch war auf den Kammwegen zu erblicken, die Hitze hatte die Wanderer in den Schatten der Baudenstuben getrieben. Das uralte Gebirge war allein mit sich, mit seiner Höhe und Tiefe, seinen Steinöden und Grässermatten. Und als es dann unter dem First der Koppe wetterig zu grummeln und zu grollen begann, war es, als sei eine ungeheure und abgründige Unterredung zwischen Berg und Himmel im Gange, deren Nachhall rollend in den Tälern zu verspüren war. Aber auf einmal wurde es ganz still. So still, dass die Spitzen der Grashalme leise zu zittern begannen. Und, eigentümliches Spiel der Mächte, die sich aus Berg und Himmel hervor in dieser grauen toten Stille heimlich begegneten, über Dach und Blitzableiter des behäbig gelagerten Baudenhauses zuckten jählings die blauen, geisterhaften Flämmchen des Sankt-Elms-Feuers. Elektrisch knisternd fuhren sie über die Regentraufen und leckten mit spitzen Zungen über die Schindeln.

„Feuerjoh!", schrie eine Stimme, die im ersten auffunkelnden Blitz zerbarst: „Ihr Leute, ihr Leute, Jessas Maria!" Die Tür zur Gaststube wurde aufgerissen. Eine Staubfahne schwang sich in die Stickluft, über die schweißnassen Köpfe der Sommerfrischler, die da lustig zusammensaßen und nach Kühlung lechzend ein Bier nach dem andern tranken. Dann lehnte ein alter Mann am Türpfosten. Die rot entzündeten Augen blinzelten, der zahnlückige Mund stand offen. Noch einen Schritt trat er vor, die Tragkiepe polterte von seinem Rücken zu Boden, und noch einmal rief er: „Es geht um, ihr Leute!"

Da oben übers Dach 'naus macht's
Hexenfeuer!"

Es war gut, dass von den erstaunten
Gästen außer ihrem Wirte niemand
seinen ungefügen Dialekt verstand.
Nur der Zitherspieler ließ erschreckt
seine Finger vom Griffbrett fallen.
Aber dann sah er den Wirt, einen kleinen hageren Mann, seelenruhig auf
den anscheinend betrunkenen alten
Holzer zugehen, und so fand er als-
bald in seinen Vers zurück. Ja, die ver-
wunderten Sommergäste hatten sich
noch gar nicht richtig über den Vorfall
mit Zurufen und Fragen untereinander verständigen können, als bereits
der spindelige Wirt den Alten mit
einem jäh zupackenden Griff vor die
Tür gedrängt hatte.

Flammend fuhr in diesem Augenblick
vom Flur her die Schwefelschleppe
eines Blitzes in die Gaststube. Eine
Frau schrie auf. Aber die Zither schep-
perte weiter, und an einigen Tischen
wurde gelacht. Denn die Kellnerin
hatte indessen hier und dort zur allgemeinen Beruhigung erzählt, dass der
Alte nicht ganz richtig im Kopfe sei.
Der hallende Donnerschlag, der über
das Haus fuhr, schien es zu bekräfti-
gen, und der Wirt, der sich gleichmü-
tig den Schweiß von der Stirn wischte,
desgleichen.

Nur an einem der Tische, an dem zwei
jüngere Leute saßen, schien man
gesonnen, sich näher nach dem
sonderbaren Gehaben des Alten zu
erkundigen. Und derweilen an den
kleinen Fenstern ein Schloßenregen
niederzurauschen begann, dass sie
bald an dem silbrigen Wasserdunste
erblindeten, war der eine der beiden

Freunde, ein wenig linkisch und vorn-
übergebeugt, wie er sich hielt, aufge-
standen, und indem er fragte, hatte er
immer wieder nach der Tür geblickt,
hinter der der Alte verschwunden war.
Nun flammte das elektrische Licht in
der dämmrigen Gaststube auf, sodass
er einen Augenblick geblendet die
Augen zukneifen musste. Als er sie
wieder öffnete, stand in der Tür in
einem schlaff geweichten Kapuzen-
mantel ein Mädchen und schüttelte
gerade lachend die regenfeuchten
Haare zurecht.

Die Zither hatte indessen zum Tanz
aufzuspielen begonnen. Die Regen-
kühle, die in alle Poren des Hauses
drang, ermutigte einzelne Paare, es mit
einigen Walzerrunden zu versuchen.
Und so war der sonderbare Auftritt
des Alten unter Blitz und Donner bald
wieder vergessen, ja, es gab einige
unter den Tanzenden, die den Pauken-
donner des Himmels lustig dem Länd-
ler einfügten, indem sie jedes Mal,
wenn es draußen funkelte und grollte,
stampfend dem Wetter den Takt schlugen. Der eine der beiden Freunde,
jener, der sitzen geblieben war, hatte
sich, von der allgemeinen Fröhlichkeit
ergriffen, gleichfalls zum Tanze ent-
schlossen. Er hatte sich jenes Mädchen
geholt, das, von dem Unwetter in die
Baude gescheucht, am Ofen lehnte
und ein wenig verlegen an dem regen-
nassen Kleide herunterstrich. Nun
nickte er im Vorüberwalzen ermun-
ternd seinem Gefährten zu, der

Gipfelsturm an einem heiteren Tag. Wenn die Wetterfrösche Sonnenschein versprechen und die günstige Prognose auf ein Wochenende fällt, treibt die Wanderlust viele Menschen auf die Schneekoppe. Dann kann es auf dem steilen, mitunter nur einen Meter breiten Gipfelpfad schon mal eng werden.

unschlüssig am Tisch lehnte und abweisend in den fröhlichen Trubel starrte. Das Mädchen, dem noch zwei Regenperlen in der zierlichen Muschel des gerundeten Kinns glitzerten, schaute ihren Tänzer an, und als er stumm lächelnd erwiderte, begann sie das Walzerlied mitzusummen und ließ es sich wohl sein dabei.

Bei der zweiten Runde, die ihren Partner inniger sozusagen zugreifen hieß, erfuhr sie, dass Konrad von Hemmerling seines Zeichens ein soeben zum Leutnant beförderter Fähnrich sei und mit dem Jugendfreunde, der ebenfalls vor einigen Wochen sein Doktorexamen hinter sich gebracht, eine von allen Philistereien losgebundene Fahrt in die Berge unternommen habe. Bei der dritten Runde fand es das Mädchen großartig, dass man sich getroffen habe. Sie erzählte von einer Tante, die unten in Warmbrunn ein Hutgeschäft führe, in dem auch sie ein wenig mitarbeite, wobei sie den jungen Leutnant schräg von unten ansah, als ob sie fragen wolle, wie ihm diese Beschäftigung gefalle. Der Offizier wiederum stellte aufatmend fest, dass die Tante hier in der Gaststube nicht zu erblicken sei, drehte sein Mädchen rechtsum, linksum, wie es im Frühsommer des Jahres 1914 schwungvoll Brauch war, und als die Zithermusik schwieg, lockerte er, als trüge er den hohen Kragen der Uniform, drollig aufseufzend den Klappkragen seines Sporthemdes und fand die kleine Modistin so ausnehmend hübsch, dass er sie bat, doch am Tische mit Platz zu nehmen.

Wo denn sein Freund, der Doktor Berndt, geblieben wäre, fragte das Mädchen, als sie beide zu dem Tische neben dem Fenster gingen. „Prosit, Rosi, sollst leben!", hörte sie sich gleichzeitig angerufen und achtete vor Verlegenheit nicht auf Hemmerlings Worte, entschuldigte sich vielmehr mit den zahlreichen Bekannten, die ihr rundum in den Taldörfern nachsetzten. Hemmerling schaute sie eindringlich von der Seite an und freute sich, als sie errötete. Dann meinte er lächelnd leichthin, dass aber trotz alledem Rosi ein sehr lieber Name sei. Aufgeräumt bestellte er Wein, Vöslauer, österreichischen Landwein einer feurigen Erde. Der Himmel draußen war indessen verstummt, die Fenster blank gewaschen, und erregt von dem Zufallsabenteuer der Begegnung, die Köpfe nahe beieinander, dass jedes des anderen Atem spürte, schauten sie hinaus in den blauen Abend, aus dem sich dunkel das Urgesicht des Koppenberges hob. Wen kümmert es schon groß in solcher Stunde, die weder Zeit noch Ewigkeit die Fiber fühlen lässt, sondern nur hauchgleich und hold wie ein Wimperschlag über dem Herzen zuckt, wes Teil des Menschen ist zwischen Himmel und Erde, in der Zukunft und in der Gegenwart! Hemmerling, der über des Mädchens Hand, die er heimlich hielt, den Freund und sich selbst vergessen hatte,

sprang auf, um ihn endlich suchen zu gehen. Erst jetzt, da er das Mädchen an seiner Seite sich wie selbstverständlich durch das Gewühl der Tanzenden drängen sah, erinnerte er sich, dass Berndt ihn von allem Anfang an immer wieder gebeten hatte, diese Tage ihres Wiedersehens nicht allzu leichtfertig zu nehmen, Tage, die für Jahre standen, in denen sie sich vielleicht, wie es ihnen wohl auch uneingestandenermaßen erschienen war, ein wenig fremd geworden waren. Aber nun war auf einmal dieses Mädchen Rosi da, schwarzhaarig, mit einem lebensgierig glücklichen Lächeln um die aufgeworfenen Lippen und heiter wetterwendisch wie der ganze heutige Tag, der schwül das Blut angehaucht hatte. Der Teufel mochte wissen, wer ihn geheißen, so schnell sich nachzugeben und überdies dem Mädchen, das kein Quartier mehr erlangt, zu versprechen, die Nacht mit ihr durchzutanzen, um sie sodann bei Sonnenaufgang auf die Schneekoppe zu begleiten.

Beschämt und verwirrt zugleich blieb er einen Augenblick neben dem Zitherspieler stehen, indes das Mädchen schon tänzelnd der Tür zustrebte. Die Koppenbesteigung nämlich, so war es zwischen den Freunden ausgemacht gewesen, sollte erst am Ende der gemeinsamen Wanderung unternommen werden. Im Sonnenaufgang, so hatten sie es sich ein wenig allzu schwärmerisch zugesichert, wollten sie dann wieder voneinandergehen, der eine rechts, zum sogenannten Schmie-

deberger Kamm hinab, der andere nach Krummhübel hinunter. Heimlich hatten sie wohl gehofft, alsdann wieder über alles Trennende hinaus der alten Kameradschaft im Abschied gewiss zu sein, die seit Jugendtagen den stillen, immer mit sich unzufriedenen Joachim Berndt an den von ihm bewunderten Freund band. Aber jetzt schien wieder einmal diese ganze, mehr von Joachim als dem Soldaten immer neu entfachte Freundschaft infrage gestellt zu sein. Es wetterleuchtete um sie her wie draußen über den Bergen. Ungeduldig wartete Rosi an der Tür, und der Zitherspieler lächelte Hemmerling aufmunternd zu. Nicht einen Augenblick besann er sich mehr. Er reckte sich, dass die Gelenke ein wenig knackten, und schon in der Dämmerung des Flurganges nahm er das Mädchen in die Arme und küsste es.

Was verschlug es schon, hier oben zwischen Himmel und Erde einmal für ein paar Tage des gesetzten Maßes ledig, in das Übermaß des Herzens hinaus zu schwärmen! Aber da war auch noch der Wetterschein, der, aus den Tälern emporzüngelnd, ruhelos über die Berggipfel stob und die Einmaligkeit einer solchen Nacht hier oben auf dem totenstillen Kamme ins Besondere hob. Und es bleibt vielleicht auch noch zu sagen, dass sie alle, die da tanzten, lärmten und die Stunden zeitlos genossen, in ihrem Wesen schon gezeichnet waren, das Ungeheure, das sich in diesen Wochen über der Welt dunkel verhing, ahndevoll zu empfangen. Sicherlich verspürten es die Berge schon bis in ihre Feuerwurzeln hinab und gaben es als Rausch, der immer glühend vor dem Geheimnis des Todes steht, an die Menschen weiter, die das Baudenhaus in ihrem Übermut stampfen und zittern machten.

Der junge Joachim Berndt hatte noch über dem Hause das Sankt-Elms-Feuer tanzen sehen, als sich sein Freund Hemmerling drinnen in der Gaststube bereits die vom Blitz gescheuchte kleine Wetterhexe zum Walzer holte. Er sah auch noch den alten Kiepenträger wie davongeschwemmt unter der Gewalt des Regensturmes und wild gestikulierend in die Dämmerung der Bergkessel verschwinden. Und er hatte dann auch die Sterne kommen sehen, glitzernd, groß und rein über dem verschwelenden Gewölk. Aber in der Kutscherstube hatten ihm dann die Leute berichtet, dass der Alte wieder einmal wie von Sinnen gewesen sei und erzählt hätte, dass er sie gesehen habe drüben am Bolzberge, die Heere nämlich, wie sie sich sammelten, und den schimmernden Kaiser dazu, der wie ein Blitz um sie fuhr, genauso, wie es der Herischdorfer Prophet anno 1900 geweissagt habe. Die Leute lachten, als sie es sagten, und hatten doch auch wieder runde Augen darüber bekommen. Und Berndt war dann wieder hinaus in die Nacht gegangen, weil er sich schämte, das eigene, sich

über dem Herzen dunkel zusammenziehende Gefühl den Leuten nicht so schlicht mitteilen zu können, wie er es gern gewollt hätte. Aber unten, zwischen den Waldgründen in Schlesien, sah er nun die Speerspitzen der Blitze funkeln bis weit in die Ebene hinaus und die Kolonnen der Wolken, die sich in langen Zügen dazwischenschoben und sammelten.

Wie es dann gekommen war, dass er, nachdem ihn der Freund und das Mädchen aus seiner Versunkenheit aufgestört hatten, wider seinen Willen zwischen ihnen beiden Lieder singend zu trinken angefangen und zuletzt lallend und benommen die Gesichte des Narren in den Saal geschrien hatte, wusste er sich selbst nicht zu sagen. Auf den Stühlen, der Leutnant voran, einen Brauer aus Thüringen als Adjutanten an seiner Seite, hatten sie dann den andern eine Polonaise vorgeritten, dass der Wirt ängstlich die Gläser zu schützen begann, indes Rosi den Zug mit einer Herdenglocke aus dem Stalle lachend einläutete und ihn zur Tür hinausdirigierte. Dort war Berndt auf einmal wieder ganz stumm geworden und als ihn der Freund zu hänseln begann, indem er ihm vormachte, wie Joachim immerhin versucht habe, Rosi zu umarmen, riss Berndt auf einmal das Mädchen an sich und küsste die sich Wehrende innig auf den Mund.

So, sagte er dann, und jetzt seien sie ja quitt, und da nichts mehr in der Welt einzuhalten sei und nicht einmal unter alten Freunden ein Wort, wenn der Wein und die Mädchen dazukämen, so wolle er jetzt gehen, um Hemmerling wenigstens in gutem Angedenken zu behalten. Lang aufgeschossen, wie er war, machte er kurz kehrt und wollte schwankend davon. Hemmerling stand stumm und rührte sich nicht. In diesem Augenblick tauchte die Koppe aus dem feuchten Gewölk der ersten zagen Dämmerung. Ernst und alterslos schaute ihr einsames Gesicht herüber. Berndt, schon an der Tür, drehte sich noch einmal um und sagte: „Ich geh' jetzt da hinauf, das wenigstens will ich noch gesehen haben."

Das Mädchen, das nichts, aber auch gar nichts von dem verstehen konnte, was zwischen den beiden Freunden vorging und es wohl als Betrunkenheit und eitel Eifersucht nahm, fiel bei den Worten Berndts ein, dass ihr Hemmerling ja nun noch die Koppenbesteigung schuldig sei. Und da sie schnell wie der Blitz war und nicht umsonst von ihm in die Baude gescheucht, hatte es ihre Überredungskunst schnell fertiggebracht, den überwachen Hemmerling zu bewegen, wie der Freund den Rucksack zu holen, bei der schläfrigen Kellnerin die Rechnung zu bezahlen und sich hinter dem groß und schattenhaft über die Nebel saugende Kammfläche dahingehenden Berndt herzumachen.

Es war eine glücklose, nicht nur der Ernüchterung der Sinne dienliche Wanderung. Berndt schritt schweigsam voran, der Freund mit dem Mädchen hinterdrein, das vielerlei zu erzählen begann, obwohl niemand ihr zuhörte. In den Gründen dampften die Nebel. Das Licht schwamm bleiern in einem grauen Himmel, der sich mehr und mehr verschloss, je höher sie gelangten. Einmal drehte sich Berndt um, und Hemmerling nickte ihm versöhnlich zu. Aber Berndt sah es gar nicht, er zeigte nur in die Tiefe, in der von einem Nebelring umgeben, verschollen in der Öde des Grundes wie ein erloschener Weltkörper, das Baudenhaus lag. Dann war der Wind da und wischte den Nebel über den Kamm. Groß und fremd strich er über sie hin. Wie ein Stein schlug er immer wieder kalt aus der Höhe herab, um sich sausend auszubreiten.

Tief unten begannen nun die Lerchen in den Tälern aufzusingen. Wie Glasgeröll klirrte es im Winde empor und wieder zurück. Dann sahen sie in der letzten Wegkehre über sich schon die beiden Bauden auf dem Gipfel und neben ihnen die kleine Kapelle, deren Kreuz gerade lichtverzückt aufzufunkeln begann, als sie, schwer atmend vom letzten Anstieg, den flach gebreiteten Koppenkegel erreichten. Sie sahen noch die Schründe in den urweltlichen Gründen unter ihnen wie goldene Erzgänge aufleuchten. Und: „Die Sonne kommt", sagte leise das Mädchen, und sie sagte es so kindhaft ernst und mit so tiefen Augen, dass die Freunde sie in dem Hauch dieser Worte vielleicht unendlich sehnsüchtig und über sich selbst hinaus liebten. Aber indem sie sich in diesem Augenblicke zum ersten Male wieder vorsichtig anzulächeln versuchten, wurden sie auch schon der verworren und schattenhaft am Westhimmel auftauchenden Erscheinung gewahr, welche die wenigen Sonnensucher und Gipfelwanderer, die sich da in der himmelhohen Frühe des Berges zusammengefunden, wie eine Schar apokalyptisch Süchtiger hinter einen Felsblock zusammengeweht hatte.

Was sie sahen – es war unbegreiflich und zuerst jedes vernünftigen Sinnes bar –, was sie da in ungeheuren Umrissen westwärts hinaus ins Abgründige hinein schattenhaft hingezeichnet erblickten, war nichts anderes als dieser Gipfel, der sie trug und also sich ihrer auch noch einmal drüben in seiner Schattenwelt bemächtigt haben musste. Sie schauten hinüber und wussten nicht mehr, ob sie da drüben standen und sich herüber zuwinken sollten oder ob sie nur einem Spuk und Zweiten Gesicht verfallen waren. Selbst die braven Bürgersleute neben ihnen falteten die Hände, als sie sich auf dem dunkeln, im Wolkenhimmel abgezeichneten Riesenschatten ins Ungewisse hinausversetzt wähnen mussten. Wie der Bug eines Schiffes hing er ins Jenseits hinüber.

„Luftspiegelung", sagte der Herr mit dem Zwicker, der aus der Wetterwarte zu den Schauenden getreten war, und er begann eine wohlmeinende Erklärung. Aber die Freunde, sie wussten nicht, wie und wann es geschehen war, hatten alles vergessen und hielten sich nur noch bei den Händen gefasst. Und zwischen ihnen, in ihrer beiden Armen, lehnte das Mädchen, den Kopf zurückgeworfen, die Lippen zitternd geöffnet, und so schauten sie gemeinsam hinaus oder, wenn man will, von drüben her in sich hinein. Plötzlich spürten sie, während es ihre Herzen saugend umgriff, dass dort in der Raumferne über dem Schattengipfel eine geisterlose Bewegung vor sich ging. Die Besucher riefen es sich zu und zeigten hin, sogar der Herr von der Wetterwarte stockte.

Und nun geschah das, was allen Beteiligten sekundenlang das Blut aus dem Hirn trieb und sie wie ein Häuflein Schiffbrüchiger vor einer Sintflut noch enger zusammendrängte. Über ihrer winzigen, mehr zu ahnenden als sichtbaren Versammlung dort drüben auf dem Schattengipfel über dem Allabgrund hob sich eine schwärzlich wabernde Gestalt. Es war ein Menschenabbild, das anscheinend einen Höcker auf dem Rücken trug und wild die Arme in den Lichtgrund hinausreckte. Immer deutlicher wuchs die Erscheinung empor, so, als schritte sie näher und näher, den Gipfel im Jen-

seits da drüben und den auf ihn
gescheuchten Menschenhaufen zu zer-
stampfen.

Der Herr aus der Wetterwarte gab
wieder freundliche Erklärungen: „Ein
Holzknecht oder so etwas mit einer
Kiepe auf dem Rücken muss es sein,
aller Wahrscheinlichkeit nach befindet
er sich hinter uns und geht gerade
inmitten der Strahlenbrechung." Aber
während er noch sprach, hatte das
Ungeheuer sich zu gewaltiger Höhe
emporgereckt und stand nun über
dem Gipfel in der Wolkenwand. Die
Arme erhoben, als beschwöre es die
Sonne, stand es da, und dann – Berndt
fühlte es schmerzhaft, als ob er erlö-
sche – fuhr des gespenstischen Riesen
Schattenhand über den Gipfel da drüben und raffte die ganze wunderliche
Erscheinung und sich selbst hinweg
ins Bodenlose.

Was ist noch zu sagen. Vielleicht, dass
sie alle drei in einem tiefen Schauen
noch lange an die Stelle gebannt blieben, von der aus sie im Angesicht der
Erde unter sich das Gesicht des Jenseits über sich empfangen hatten. Sie
sprachen nicht viel, als sie den Berg
hinunterschritten. Nicht, wie sie zuerst
in Freundschaft und dann im Zorn
gewollt hatten, der eine rechts, der
andere links hinab, sondern nun
gemeinsam in einer großen innigen
Vertrautheit untereinander.

Hemmerling fand zuerst ein Wort:
„Das war ja der Alte aus der Baude",
sagte er.

Berndt zuckte mit den Achseln. „Vielleicht", erwiderte er.

Dann klang nur wieder das Geröll
unter ihren Bergschuhen und manchmal sahen sie beide auf das Mädchen,
das nun voranschritt, nicht mehr die
leichtfertige Tänzerin, die ein Walzerlied trällert, sondern von Wind und
Licht umflossen ein wenig mehr, um
das es sich schon verlohnte, im
Rausch das Ewige zu begehren.

Sie haben sich alle drei nach dem
Abschied im Tale unten nicht wieder-
gesehen.

Einsam liegt diese Gebirgsbaude am steilen Hang eines Engtals, das vom Keilbach (Klínový potok) durchflossen wird. Die Wanderroute, die hier vorbeiführt, ist nicht der direkte Weg zur Schneekoppe, doch landschaftlich eine der schönsten.

Literatur

Alexis, Willibald: Rübezahls Zorn. In: Riesengebirge. Eine Landschaft im Bild ihrer Dichter, Tübingen 1982

Bischoff, Friedrich: Der schlafende Riese. In: Merian 6. Jahrgang /10, 1953

Glaeser, Edmund: Die Bergwelt der Sudeten. In: Merian 6. Jahrgang /10, 1953

Grundmann, Günther: Das Riesengebirge in der Malerei der Romantik. München 1931, 3. Auflage München 1965

Hauptmann, Carl: Rübezahlbuch. Leipzig 1915

Herlossohn, Karl: Das malerische und romantische Deutschland. Leipzig 1840

Hoffbauer, Jochen: Riesengebirge. Eine Landschaft im Bild ihrer Dichter. Tübingen 1982

Hülsen, Hans von: Die Schreiberhauer Dichterkolonie. In: Merian 6. Jahrgang/10, 1953

Jungfer, Victor: Kleine Wirtschaftsgeographie der Sudeten. In: Merian 6. Jahrgang /10, 1953

Körner, Theodor: Auf der Riesenkoppe. In: Vitalis LeseReise, Band 5, 2005

Müller-Rüdersdorf, Wilhelm: Das Riesen- und Isergebirge. Leipzig 1925

Musäus, Johann Karl August: Legenden vom Rübezahl. In: Volksmärchen der Deutschen, Berlin 1820

Schütting, Franz: Das Riesengebirge entdecken. Berlin 2005

Seume, Johann Gottfried: Mein Sommer 1805. Frankfurt 2002

Verwaltung des Nationalparks: Encyclopedia Corcontica Krkonoše (KRNAP), Hrsg., Vrchlabí

Wörffel, Udo: Theodor Fontane im Riesengebirge. Husum 2000

Quellen

Carl Hauptmann
Zweites Abenteuer vom Rübezahl.
Wie Rübezahl den hartherzigen
Grafen von der Bolzenburg in eine
Mücke verwandelt, aus: Rübezahl-
Buch, Würzburg 4. Auflage 2003

Carl Herlossohn
Sonnenaufgang, aus: Riesengebirge,
München o.J.; im Verlag Lothar
Borowsky, München

Theodor Fontane
Eine Nacht auf der Koppe, aus:
Eine Landschaft im Bild ihrer Dichter,
Tübingen 1982

Traud Gravenhorst
Spindlerbaude, aus: Amarant, Tage
der Kindheit, 1958 München, by
Bergstadtverlag W. G. Korn, Würzburg

Friedrich Bischoff
Koppenbesteigung, aus: Rübezahls
Grab, Leipzig 1944

Trotz aller Bemühungen ist es uns
nicht gelungen, für einige Texte die
Urheberrechtsverwalter zu ermitteln.
Wir bitten diese, sich gegebenenfalls
mit uns in Verbindung zu setzen.

Bildnachweis

Alle Fotos Georg Jung, Hamburg,
außer:
akg-images, Berlin: S. 38 re.
Archiv Ellert & Richter: S. 7 o., 59,
68 (beide), 87, 94, 98 o. li., 105, 106,
117, 122
Bildarchiv Preußischer Kulturbesitz
(bpk), Berlin: Umschlag Rückseite u.
li. (Nationalgalerie, SMB/JörgP.
Anders), S. 22, 34/35, 36/37 (beide
Nationalgalerie, SMB/Jörg P. Anders),
60, 120
Haus Schlesien, Königswinter: S. 30 u.
(beide)
Herder-Institut Marburg, Bildarchiv:
S. 75 (Inventarnummer 114813)
picture-alliance, Frankfurt a. M.: S. 38
li. (akg), 41 (dpa), 43, 50, 63 re., 111
(alle akg)
Sammlung Haselbach/Kunstforum
Ostdeutsche Galerie, Regensburg:
S. 28, 30 o. (beide), 89, 127
Sammlung Haselbach/Schlesisches
Museum zu Görlitz: Umschlag Rück-
seite o. re., S. 29, 63 o. li., 63 u., 66,
67, 77, 121
ullstein bild, Berlin: S. 40, 74 (Archiv
Gerstenberg)
Sowie aus:
Blick auf das Hirschberger Tal einst
und jetzt, Lomnitz 2007: S. 61
Riesengebirge in alten Ansichtskarten,
Jelenia Góra 2005: S. 7 u., 69
Zwischen Oder und Riesengebirge,
Berlin 1995: S. 26/27

Impressum

Bibliografische Information der
Deutschen Bibliothek
Die Deutsche Bibliothek verzeichnet
diese Publikation in der Deutschen
Nationalbibliografie; detaillierte
bibliografische Daten sind im Internet
über http://dnb.ddb.de abrufbar.

ISBN 978-3-8319-0316-0

© Ellert & Richter Verlag GmbH,
Hamburg 2008

Dieses Werk einschließlich aller seiner
Teile ist urheberrechtlich geschützt.
Jede Verwertung außerhalb der engen
Grenzen des Urheberrechtsgesetzes
ist ohne Zustimmung des Verlages
unzulässig und strafbar. Dies gilt
insbesondere für Vervielfältigungen,
Übersetzungen, Mikroverfilmungen
und die Einspeicherung und Verarbeitung in elektronischen Systemen.

Text und Bildlegenden:
Georg Jung, Hamburg
Lektorat: Beatrix Sommer, Hamburg
Gestaltung: Büro Brückner + Partner,
Bremen
Lithografie: Griebel-Repro, Hamburg
Gesamtherstellung: Offizin Andersen
Nexö Leipzig GmbH, Zwenkau

Titelfoto:
Blick in die Schneegruben mit der
Schneegrubenbaude

Umschlag Rückseite:
Bild links oben: Aufstieg auf die
Schneekoppe
Bild rechts oben: Schloss Erdmanns-
dorf auf einer Lithografie von Ernst
Wilhelm Knippel
Bild rechts unten: Hirschberger Tal
mit dem Blick auf die Schneekoppe
Bild links unten: „Morgen im Riesen-
gebirge" von Caspar David Friedrich